EL PROFETA
PRÓDIGO

EL PROFETA
PRÓDIGO

Jonás y el misterio de la misericordia de Dios

TIMOTHY KELLER

ESPAÑOL

NASHVILLE, TENNESSEE

B&H Publishing Group
Nashville, TN 37234

Clasificación Decimal Dewey: 224
Clasifíquese: JONÁS/JESÚS

Publicado originalmente por VIKING, un impreso de Penguin Random
House LLC con el título *The Prodigal Prophet: Jonah and the mystery of God's mercy*
© 2018 por Timothy Keller.

Diseño de portada por Andrea Spikes. Ilustración de portada por Isaac Kierstead

ISBN: 978-1-5359-6254-4

Impreso en EE. UU.
1 2 3 4 5 * 22 21 20 19

En gratitud a Dios por la vida y el ministerio de
John Newton (1725-1807),
que también se volvió a Dios durante una tormenta,
y se convirtió en un pastor que nos enseñó,
entre un número incalculable de otras cosas,
las bellezas de la maravillosa gracia.

CONTENIDO

❧

EL PROFETA PRÓDIGO

Como sucede con la mayoría de las personas que crecieron en un familia que asistía a la iglesia, conozco la historia de Jonás desde mi niñez. Sin embargo, como un ministro que enseña la Biblia, he pasado por diferentes etapas de desconcierto y de asombro ante este breve libro. El número de temas es un desafío para el intérprete. Pareciera ser que trata sobre demasiadas cosas.

¿Es sobre el nacionalismo y la raza, porque al parecer Jonás estaba más preocupado por la seguridad militar de su nación que por una ciudad de gente espiritualmente perdida? ¿Es sobre el llamado de Dios a las misiones, porque al principio Jonás huiría del llamado y más tarde iría, pero lo lamentaría? ¿Es sobre las luchas que tienen los creyentes para obedecer y confiar en Dios? Sí, es sobre todas estas cosas y más. Hay una montaña de erudición sobre el Libro de Jonás que revela la riqueza de la historia, las diversas capas de significado y sus múltiples aplicaciones a gran parte de la vida y el pensamiento humano.[1]

Descubrí esas «múltiples aplicaciones» cuando prediqué el Libro de Jonás, versículo por versículo, en tres ocasiones diferentes, durante mi ministerio. La primera ocasión fue en mi primera iglesia, en un pequeño pueblo obrero al sur de Estados Unidos. Diez años después lo prediqué a varios cientos de jóvenes solteros profesionales en Manhattan (estado de Nueva York). Luego, una década más tarde, lo volví a predicar, los domingos por la mañana, justo después de la tragedia del 11 de septiembre en la ciudad de Nueva York. En cada caso, la ubicación cultural y las necesidades personales fueron totalmente distintas, no obstante, el texto de Jonás estuvo más que apto para el desafío de abordarlas poderosamente. Muchos amigos me han dicho a través de los años que los sermones que han escuchado sobre Jonás les han cambiado la vida.

La narrativa de Jonás seduce al lector para que piense de ella como una simple fábula, con el relato del gran pez, aunque poco creíble, como el punto dramático culminante. Sin embargo, los lectores diligentes lo encuentran como una obra literaria hábilmente redactada. Sus cuatro capítulos relatan dos incidentes. En los capítulos uno y dos, Jonás recibe un mandato de Dios, pero no lo obedece; y en los capítulos tres y cuatro, recibe el mismo mandato y esta vez lo lleva a cabo. Los dos relatos están dispuestos en patrones casi enteramente paralelos.

ESCENA UNO	ESCENA DOS
Jonás, los paganos y el mar.	*Jonás, los paganos y la ciudad.*

JONÁS Y LA PALABRA DE DIOS

1:1 La Palabra de Dios viene a Jonás.	3:1 La Palabra de Dios viene a Jonás.
1:2 El mensaje que ha de transmitirse.	3:2 El mensaje que ha de transmitirse.
1:3 La respuesta de Jonás.	3:3 La respuesta de Jonás.

JONÁS Y EL MUNDO DE DIOS

1:4 La palabra de advertencia.	3:4 La palabra de advertencia.
1:5 La respuesta de los paganos.	3:5 La respuesta de los paganos.
1:6 La respuesta del líder pagano.	3:6 La respuesta del líder pagano.

1:7ss Cómo la respuesta de los paganos, al final, fue mejor que la de Jonás.

3:7ss Cómo la respuesta de los paganos, al final, fue mejor que la de Jonás.

JONÁS Y LA GRACIA DE DIOS

2:1-10 Cómo Dios le enseñó a Jonás sobre la gracia a través del pez.

4:1-10 Cómo Dios le enseñó a Jonás sobre la gracia a través de la planta.

Pese a la sofisticación literaria del texto, muchos lectores hoy en día rechazan la obra porque el texto relata que Jonás fue rescatado de la tormenta cuando fue tragado por un «enorme pez» (Jon. 1:17). Cómo respondas a esto dependerá de cómo leas el resto de la Biblia. Si aceptas la existencia de Dios y la resurrección de Cristo (un milagro mucho mayor), entonces no hay nada particularmente difícil en leer este libro de forma literal. Sin duda, muchas personas creen que todos los milagros son imposibles, pero este escepticismo es justamente eso: una creencia que en sí misma no puede probarse.[2] No solo eso, sino que el texto no da ninguna evidencia de que el autor hubiera inventado el relato del milagro. Por lo general, un escritor de ficción añade elementos sobrenaturales para crear emoción o espectacularidad y capturar la atención del lector, pero este escritor no utiliza el evento de esa manera. Se menciona al pez solo en dos versículos cortos y no hay detalles descriptivos. Se registra más bien como un simple hecho de lo que sucedió.[3] Así que no dejemos que el pez nos distraiga.

La cuidadosa estructura del libro revela matices en el mensaje del autor. Ambos episodios muestran cómo Jonás, un acérrimo creyente religioso, juzga y se relaciona con las personas que son racial y religiosamente diferentes a él. El Libro de Jonás aporta información sobre el amor de Dios por las sociedades y los pueblos más allá de la comunidad de los creyentes; sobre su oposición al nacionalismo tóxico y al desprecio por otras razas; y sobre cómo vivir haciendo «la misión» en el mundo pese al poder sutil e inevitable de la idolatría en nuestras propias vidas y corazones. Entender estas ideas puede ayudarnos a tender puentes, a ser agentes de paz y reconciliación en el mundo. Gente así se requiere en este momento.

No obstante, para entender estas lecciones para nuestras relaciones sociales, tenemos que ver que la principal enseñanza del libro no es sociológica, sino teológica. Jonás quería un Dios de su propia creación, un Dios que simplemente destruía a los malos, por ejemplo, los impíos ninivitas y bendecía a los buenos, por ejemplo, Jonás y sus compatriotas. Cuando el verdadero Dios, no la falsificación fabricada por Jonás, siguió apareciendo, este se llenó de furia o desesperación. Jonás descubrió que el verdadero Dios era un enigma porque él no podía reconciliar Su misericordia con Su justicia. ¿Cómo, preguntaba Jonás, puede ser Dios misericordioso y perdonar a esta gente que ha hecho tanta violencia y mal? ¿Cómo puede ser Dios misericordioso y justo a la vez?

No aparece la respuesta a esa pregunta en el Libro de Jonás. Sin embargo, al ser parte de toda la Biblia, este libro es como un capítulo que hace avanzar el argumento general de la Escritura. Nos enseña a mirar cómo Dios salvó al mundo a través del que se llamó a Sí mismo «uno más grande que Jonás» (Mat. 12:41), por lo que pudo ser tanto justo y, a la vez, el que justifica a los que creen (Rom. 3:26). Solo cuando los lectores comprendemos plenamente este evangelio, no seremos crueles explotadores como los ninivitas ni creyentes farisaicos como Jonás, antes bien, hombres y mujeres transformados por el Espíritu y parecidos a Cristo.

Muchos estudiantes del libro han observado que, en la primera parte Jonás interpreta al «hijo pródigo» de la famosa parábola de Jesús (Luc. 15:11-24), que huyó de su padre. Sin embargo, en la segunda mitad del libro, Jonás es como el «hermano mayor» (Luc. 15:25-32), que obedeció a su padre, pero lo reprochó por su compasión hacia los pecadores arrepentidos. La parábola termina con una pregunta del padre para el hijo farisaico, al igual que el Libro de Jonás termina con una pregunta para el profeta farisaico. El paralelo entre las dos historias, que Jesús mismo pudo haber tenido en mente, es la razón para el título de este libro: *El profeta pródigo.*

CAPÍTULO 1

HUIR DE DIOS

Ahora la palabra del Señor vino a Jonás el hijo de Amitay:
«Levántate, ve a la gran ciudad de Nínive y proclama contra
ella que su maldad ha llegado hasta mi presencia». Pero Jonás
se levantó para huir de la presencia del Señor hacia Tarsis.

—JONÁS 1:1-3a[1]

El insólito emisario

Nuestra historia inicia cuando «la palabra del Señor vino» a Jonás. Esta es la manera usual de empezar el relato sobre uno de los profetas bíblicos. Dios los usó para comunicar Sus palabras y mensajes a Israel, especialmente en tiempos de crisis. Pero ya en el versículo dos, los lectores originales se habrían dado cuenta de que era un relato profético a diferencia de cualquier otro que hubieran leído o escuchado antes.

Dios llamó a Jonás para que fuera a «la gran ciudad de Nínive y proclama[ra]…». Esto es impresionante en varios sentidos.

Primero, era impactante porque era un llamado para que un profeta hebreo dejara Israel y fuera a una ciudad gentil. Hasta entonces, los profetas habían sido enviados solo al pueblo de Dios. Aunque Jeremías, Isaías y Amós pronunciaron mensajes proféticos dirigidos a las naciones paganas, fueron breves, y ninguno de estos profetas fue enviado a las naciones a predicar. La misión de Jonás no tenía precedente.

Era aún más impactante que el Dios de Israel quisiera advertir a Nínive, la capital del imperio asirio, de la muerte inminente. Asiria era uno de los imperios más crueles y violentos de la antigüedad. Con frecuencia, los reyes asirios registraron los resultados de sus victorias militares, en los que alardeaban de dejar llanuras enteras llenas de cadáveres y ciudades quemadas completamente hasta sus cimientos. El emperador Salmanasar III es bien conocido por describir, con detalles macabros, en grandes relieves hechos en piedra, la tortura, el desmembramiento y la decapitación a que sometía a sus enemigos. La historia de los asirios es «tan sangrienta y espeluznante como bien se sabe».[2] Después de capturar a sus enemigos, los asirios en general les cortarían sus piernas y un brazo, dejando el otro brazo y la mano para poder agitar la mano de la víctima como burla mientras moría. Obligaban a los amigos y a los familiares a desfilar con las cabezas de sus seres queridos decapitados elevadas en estacas. Les arrancaban la lengua a sus prisioneros y estiraban sus cuerpos con cuerdas para poder desollarlos vivos y exhibir sus pieles en los muros de la ciudad. Quemaban vivos a los adolescentes.[3] Los que sobrevivían a la destrucción de sus ciudades estaban condenados a sufrir formas crueles y violentas de esclavitud. Los asirios han sido llamados un «estado terrorista».[4]

El Imperio había empezado a exigir un pesado tributo a Israel durante el reinado de Jehú (842-815 a.C.) y siguió amenazando al reino del norte durante la vida de Jonás. En el 722 a.C. finalmente invadió y destruyó el reino del norte, Israel, y su capital, Samaria.

Con todo, esta nación fue objeto del alcance misionero de Dios. Aunque Dios le dijo a Jonás que «proclama[ra] contra» la ciudad por su maldad, no había ningún motivo para enviar una advertencia a menos que hubiera una oportunidad de evitar el juicio, como Jonás lo sabía muy bien (Jon. 4:1-2). Pero ¿cómo podía un Dios bueno dar a una nación como esa, la más mínima oportunidad de experimentar Su misericordia? ¿Por qué ayudaría Dios a los enemigos de Su pueblo?

Quizás el elemento más sorprendente de esta narrativa fue a quién Dios escogió para enviar. Fue a «Jonás el hijo de Amitay». No se ofrecen antecedentes, lo que significa que no necesitaba presentación. En 2 Reyes 14:25 se menciona que Jonás ejercía su ministerio durante el reinado de Jeroboán II (786-746 a.C.). En ese texto aprendemos que, a diferencia de los profetas Amós y Oseas, que censuraban duramente la administración del reino por su injusticia e infidelidad, Jonás había apoyado la política agresiva militar de Jeroboán para extender el poder y la influencia de la nación. Los lectores originales del libro de Jonás lo habrían recordado como un nacionalista ferviente y un férreo patriota.[5] Y se habrían sorprendido de que

Dios enviara a un hombre como ese a predicar a las mismas personas que más temía y odiaba.

Nada sobre su misión tenía sentido. Sin duda, parecía casi un plan malvado. Si a cualquier israelita se le hubiera ocurrido semejante idea, habría sido rechazado, y en el peor de los casos habría sido ejecutado. ¿Cómo podría Dios haberle pedido a alguien que traicionara los intereses de su nación de esta manera?

Decirle no a Dios

En una deliberada imitación burlesca del llamado de Dios a «levántate, ve a la gran ciudad de Nínive», Jonás se «levantó» para ir en la dirección opuesta (v. 3). Tarsis, se cree, estaba ubicada en el borde occidental más remoto del mundo conocido para los israelitas de ese tiempo.[6] En pocas palabras, Jonás hizo exactamente lo opuesto a lo que Dios le había dicho que hiciera. Había sido llamado para que fuera hacia el este, pero se dirigió hacia el oeste. Se le había indicado que viajara por tierra, pero se fue por mar. Se le había enviado a la gran ciudad, pero compró un boleto solo de ida hacia el fin del mundo.

¿Por qué le dijo *no* a Dios? Un relato completo de sus razones y motivos debe esperar para ser dicho por las propias palabras de Jonás, más adelante en el libro. Pero en este punto, el texto nos invita a que hagamos algunas conjeturas. Podemos con certeza imaginar que Jonás pensó que la misión no tenía ni sentido práctico ni teológico.

Dios describe a Nínive ya sea aquí o después como la «gran» ciudad, y sin duda lo era. Era tanto una potencia militar como cultural. ¿Por qué la población escucharía a alguien como Jonás? Por ejemplo, ¿cuánto habría sobrevivido un rabí judío en 1941 si se hubiera parado en medio de las calles de Berlín y llamado a la Alemania nazi a arrepentirse? Desde un punto de vista práctico, no había ninguna posibilidad de éxito y la de morir era elevada.

Tampoco Jonás habría sido capaz de ver justificación teológica para esta misión. Algunos años antes, el profeta Nahúm había profetizado que Dios destruiría a Nínive por su maldad.[7] Jonás e Israel habrían aceptado la profecía de Nahúm como perfectamente lógica. ¿Acaso no era a través del Israel escogido de Dios, Su pueblo amado, que Él estaba cumpliendo Sus propósitos en el mundo? ¿Acaso no era Nínive una sociedad impía a punto de enfrentarse con el Señor? ¿Acaso no era Asiria un pueblo excepcionalmente violento y opresivo, aun para su tiempo? Sin duda, Dios lo destruiría, eso era evidente y (Jonás habría pensado) que era algo que estaba decidido. ¿Por qué, entonces, este llamado a Jonás? ¿Acaso una misión exitosa no hubiera destruido las promesas de Dios a Israel y probado que Nahúm era un falso profeta? Entonces, ¿qué posible justificación podría haber para esta tarea?

Desconfiar de Dios

Así que Jonás tenía un problema con la tarea que se le había asignado. Pero tenía un problema mayor con Aquel que se la había asignado.[8] Jonás concluyó que como no podía percibir una buena razón para el mandato que había recibido, entonces no podía haber ninguna. Jonás dudó de la bondad, la sabiduría y la justicia de Dios.

Todos hemos tenido esa experiencia. Nos sentamos en la clínica del doctor aturdidos por el resultado de la biopsia. Nos desesperamos ante la idea de no encontrar un trabajo decente después de que la última oferta posible tampoco resultó. Nos preguntamos por qué la aparente relación sentimental perfecta, la que siempre queríamos y nunca pensamos que fuera posible, fue un desastre. Si hay un Dios, pensamos, ¡Él no sabe lo que está haciendo! Aun cuando pasamos de las circunstancias de nuestras vidas a la enseñanza de la Biblia, parece, en particular a la gente de hoy, que está llena de afirmaciones que no tienen mucho sentido.

Cuando esto sucede tenemos que decidir: ¿Creemos que Dios sabe qué es lo mejor, o somos nosotros? Pero nuestro corazón ya ha determinado que nosotros sabemos qué es lo mejor. Dudamos que Dios sea bueno, que esté comprometido con nuestra felicidad y, por eso, si no podemos ver una buena razón para algo que Dios diga o haga, pensamos que no hay ninguna.

Eso es lo que hicieron Adán y Eva en el Edén. El primer mandato fue: «...Puedes comer de todos los árboles del jardín, pero del árbol del conocimiento del bien y del mal no deberás comer. El día que de él comas, ciertamente morirás» (Gén. 2:16-17). El fruto «... era bueno [...], tenía buen aspecto y era deseable...» (Gén. 3:6), sin embargo, Dios no había dado las razones por las que sería malo comerlo. Adán y Eva, al igual que Jonás mucho tiempo después, decidieron que, si no podían pensar en una buena razón para lo que Dios les había mandado, no podía haber ninguna. No podía confiarse en que Dios tuviera las mejores intenciones para ellos. Y entonces comieron.

Dos maneras de huir de Dios

Jonás huyó de Dios. Pero si por un momento tomamos cierta distancia y miramos todo el libro, Jonás nos enseñará que hay dos estrategias diferentes para escapar de Dios. Pablo las describiría en Romanos 1-3.

Primero, Pablo se refirió a los que abiertamente rechazan a Dios y «se han llenado de toda clase de maldad, perversidad, avaricia y depravación...» (Rom. 1:29). Sin embargo, en el capítulo dos se refirió a los que procuran seguir la Biblia: «... dependes de la ley y te jactas de tu relación con Dios; que conoces su voluntad y sabes discernir lo que es mejor porque eres instruido por la ley» (Rom. 2:17-18). Luego, después de examinar a los paganos, los gentiles inmorales, y a los creyentes en la Biblia, los judíos morales, Pablo concluiría en un resumen extraordinario: «No hay un solo justo, ni siquiera uno [...]. Todos se han descarriado...» (Rom. 3:10-12). Un grupo está tratando de seguir con diligencia la ley de Dios y el otro grupo la ignora, y con todo Pablo afirmó que ambos se «han descarriado». Ambos, en maneras distintas, huyen de Dios. Todos sabemos que podemos huir de Dios al ser inmorales y sin religión. Sin embargo, Pablo declaró que es posible evitar a Dios al ser muy religiosos y morales.

El ejemplo clásico en los Evangelios respecto a estas dos maneras de huir de Dios está en Lucas 15, la parábola de los dos hijos.[9] El menor trató de escapar del control de su padre al tomar su herencia, dejar su casa, rechazar todos los valores morales de su padre y vivir como quería. El mayor se quedó en casa y obedeció a su padre en todo, pero cuando este último hizo algo con el resto de la riqueza que al mayor no le gustó, estalló con enojo. En aquel momento se hizo evidente que él tampoco amaba a su padre.

El mayor no obedecía por amor, sino solo como una manera de que su padre se sintiera obligado con él, de tener el control de manera que el padre tuviera que hacer como el hijo le pidiera. Ninguno de los dos hijos confiaba en el amor de su padre. Ambos trataban de encontrar maneras de escapar a su control. Uno lo hizo al obedecer todas las reglas del padre, el otro al desobedecerlas todas.

Flannery O´Connor describió a uno de sus personajes ficticios, Hazel Motes, como alguien que sabía que «la manera de evitar a Jesús consistía en evitar el pecado».[10] Pensamos que, si somos religiosos practicantes, virtuosos y buenos, entonces hemos hecho nuestra parte, por así decirlo. Entonces, Dios no puede simplemente pedirnos algo, nos debe. Está obligado a bendecirnos y a responder nuestras oraciones. Esto no es acercarnos a Él con alegría y gratitud, con entrega y amor, sino es más bien una manera de controlarlo y, como resultado, mantenerlo a cierta distancia.

Ambas maneras para escapar de Dios aceptan la mentira que no podemos confiar en que Dios procura nuestro bien. Pensamos que tenemos que obligar a Dios para que nos dé lo que necesitamos. Aunque obedezcamos a Dios en apariencia, no lo estamos haciendo por Él, sino por nosotros. Si, al procurar cumplir Sus reglas, pareciera que Dios no nos trata como sentimos que merecemos, la apariencia de moralidad y justicia pueden colapsar de repente. El alejamiento interno de Dios que había estado ocurriendo desde hace ya cierto tiempo se convierte en un rechazo evidente y externo. Nos enojamos con Dios y solo nos alejamos.

El ejemplo clásico en el Antiguo Testamento respecto a estas dos maneras de huir de Dios se encuentra justo aquí en el Libro de Jonás. Este profeta hace el papel tanto del «hijo menor» como del «hijo mayor». En los primeros dos capítulos, Jonás desobedeció y huyó del Señor, pero al final se arrepintió y pidió a Dios Su gracia, así como el menor dejó la casa, pero regresó arrepentido.

Sin embargo, en los últimos dos capítulos Jonás obedeció el mandato de Dios de ir y predicar a Nínive. En ambos casos, estaba tratando de controlar la situación.[11] Cuando Dios aceptó el arrepentimiento de los ninivitas, del mismo modo que el hermano mayor en Lucas 15, Jonás reaccionó con ira mojigata ante la gracia y la misericordia de Dios hacia los pecadores.[12]

Y ese es precisamente el problema que encaraba Jonás: el misterio de la misericordia de Dios. Es un problema teológico, pero es, al mismo tiempo, un problema del corazón. A menos que Jonás viera su propio pecado y se viera como alguien que vivía totalmente por la pura misericordia de Dios, nunca entendería cómo Dios podía ser misericordioso con los impíos y todavía ser justo y fiel. La historia de Jonás, con todas sus peripecias, se trata de cómo Dios toma a Jonás, algunas veces de la mano, otras veces del cuello, para mostrarle estas cosas.

Jonás huyó y huyó. Con todo, aunque usó múltiples estrategias, el Señor siempre estuvo un paso adelante. También Dios varía Sus estrategias, y continuamente extiende Su misericordia hacia nosotros de nuevas maneras, aunque no lo comprendamos ni lo merezcamos.

CAPÍTULO 2

LAS TORMENTAS
DEL MUNDO

Descendió a Jope y, encontrando un barco rumbo a Tarsis, pagó el pasaje y se embarcó para ir con ellos a Tarsis, lejos de la presencia del Señor. Pero el Señor lanzó un gran viento sobre el mar, y hubo una tormenta tan poderosa que se esperaba que el barco se iba a romper.

—JONÁS 1:3b-4

Jonás huyó, pero Dios no lo soltó. El Señor «lanzó un gran viento sobre el mar» (v. 4). La palabra «lanzó» se usa con frecuencia para arrojar una lanza (1 Sam. 18:11). Es una viva imagen de Dios que puso en marcha una poderosa tempestad en el mar alrededor del barco donde iba Jonás. Era un «gran» (*gedola*) viento, la misma palabra que se usa para describir a Nínive. Si Jonás se negaba a ir a la gran ciudad, tendría que atravesar una gran tormenta. Esto nos comunica tanto noticias desalentadoras como reconfortantes.

Las tormentas que se relacionan con el pecado

Las noticias desalentadoras son que todo acto de desobediencia a Dios se relaciona con una tormenta. Este es uno de los grandes temas de la literatura de sabiduría del Antiguo Testamento, en especial el Libro de Proverbios. Debemos tener cuidado en este punto. Esto no significa que toda dificultad que viene a nuestras vidas es el castigo por algún pecado en particular. Todo el Libro de Job contradice la creencia común de que a las buenas personas todo les sale bien y que, si algo va mal en sus vidas, debe ser su culpa. La Biblia no afirma que toda dificultad sea el resultado de algún pecado, pero sí enseña que todo pecado traerá consigo dificultades.

No podemos tratar nuestros cuerpos con indiferencia y esperar tener buena salud. No podemos tratar a las personas con indiferencia y esperar mantener su amistad. No podemos poner nuestros propios intereses antes que el bien común y todavía tener una sociedad funcional. Si atentamos contra el diseño y el propósito de las cosas, si pecamos contra nuestros cuerpos, nuestras relaciones y nuestra sociedad, nos devolverán el golpe. Hay consecuencias. Si atentamos contra las leyes de Dios, estamos atentando contra nuestro propio diseño, ya que Dios nos creó para conocerlo, servirlo y amarlo. La Biblia menciona que, en ocasiones, Dios castiga el pecado («El Señor aborrece a los arrogantes. Una cosa es segura: no quedarán impunes». [Prov. 16:5]), pero, en otras ocasiones, el mismo pecado nos castiga («La violencia de los malvados los destruirá, porque se niegan a practicar la justicia» [Prov. 21:7]). Ambos textos son verdaderos. Todo pecado se relaciona con una tormenta.

El erudito del Antiguo Testamento, Derek Kidner, escribió: «El pecado [...] va creando estragos en la estructura de la vida, lo que solo puede terminar en quebrantamiento».[1] En general, a los mentirosos se les miente, a los agresores se les agrede y quien a hierro mata, a hierro muere. Dios nos creó para vivir para Él más que para otra cosa, así que hay una parte espiritual que nos es dada. Si edificamos nuestras vidas y el sentido que ellas tienen en algo más que en Dios, estamos actuando contra la naturaleza del universo y de nuestro diseño y, por lo tanto, de nuestro propio ser.

En este caso, los resultados de la desobediencia de Jonás son inmediatos y dramáticos. Hay una poderosa tormenta dirigida directamente a Jonás. Lo súbito y violento era algo que aun los marineros paganos pudieron discernir como algo que tenía un origen sobrenatural. Con todo, esa no es la norma. Los resultados del pecado son a menudo más parecidos a la respuesta física que se tiene a una dosis debilitante de radiación. Uno no siente dolor de manera súbita en el momento que está expuesto a la radiación. No es como un disparo o el desgarre causado por una espada. Uno se siente bastante normal. Hasta después se experimentan los síntomas, pero para entonces es demasiado tarde.

El pecado es un acto suicida de la voluntad. Es algo parecido a tomar un fármaco adictivo. Al principio, puede sentirse maravilloso, pero cada vez se hará más difícil no volver a hacerlo. Este es solo un ejemplo. Cuando te deleitas con pensamientos amargos, se siente tan gratificante fantasear con la venganza. Sin embargo, poco a poco aumentará tu capacidad de sentir lástima por ti mismo, reducirá tu capacidad de confiar y disfrutar de las relaciones, y, por lo general, consumirá la felicidad de tu vida diaria. El pecado siempre endurece la conciencia, te encierra en la prisión de tus propios razonamientos y una actitud defensiva, y te carcome poco a poco desde adentro.

Todo pecado se relaciona con una poderosa tormenta. La imagen es contundente porque aun en nuestra sociedad tecnológicamente avanzada, no podemos controlar el clima. No puedes sobornar a una tormenta o confundirla con lógica y retórica: «... estarán pecando contra el Señor. Y pueden estar seguros de que no escaparán de su pecado» (Núm. 32:23).

Las tormentas que se relacionan con los pecadores

La noticia desalentadora es que el pecado siempre se relaciona con una tormenta, pero también hay noticias reconfortantes. Para Jonás la tormenta fue la consecuencia de su pecado, pero los marineros también fueron atrapados en ella. Casi siempre las tormentas de la vida vienen a nosotros no como la consecuencia de un pecado en particular, sino como la consecuencia inevitable de vivir en un mundo caído y aquejado por problemas. Se ha dicho que «... el hombre nace para sufrir, tan cierto como que las chispas vuelan» (Job 5:7), y por eso el mundo está lleno de tormentas destructivas. No obstante, como veremos, esta tormenta llevó a los marineros a la fe genuina en el Dios verdadero, aunque no fuera su culpa. El mismo Jonás inició su viaje para comprender la gracia de Dios bajo una nueva perspectiva. Cuando las tormentas vienen a nuestras vidas, ya sea como consecuencia de nuestra maldad o no, los cristianos tenemos la promesa que Dios las usará para nuestro bien (Rom. 8:28).

Cuando Dios quiso hacer de Abraham un hombre de fe, quien sería el padre de todos los fieles en la tierra, Dios lo hizo peregrinar durante años con promesas, al parecer, sin cumplir. Cuando Dios quiso cambiar a José de un adolescente arrogante y sumamente consentido a un hombre de carácter, Dios hizo que durante años lo trataran mal. José supo lo que era ser un esclavo y estar en prisión antes de poder salvar a su pueblo. Moisés se convirtió en un fugitivo y pasó 40 años en la soledad del desierto antes de poder dirigir.

La Biblia no afirma que cada dificultad es el resultado de nuestro pecado, pero sí enseña que, para los cristianos, cada dificultad puede ayudar a reducir el poder del pecado en nuestros corazones. Las tormentas pueden despertarnos a verdades que de otra manera no las veríamos. Las tormentas pueden fomentar la fe, la esperanza, el amor, la paciencia, la humildad y el dominio propio en nosotros como ninguna otra cosa. Y un sinnúmero de personas ha testificado que encontraron la fe en Cristo y la vida eterna solo porque alguna gran tormenta las condujo hacia Dios.

De nuevo, debemos ser prudentes. Los primeros capítulos de Génesis enseñan que Dios no creó al mundo y a la raza humana para sufrir, para padecer enfermedades, para que ocurrieran los desastres naturales, para envejecer y morir. El mal entró al mundo cuando le dimos la espalda a Dios. Él tiene atado Su corazón al nuestro de tal manera que cuando ve el pecado y el sufrimiento en el mundo, Su corazón se llena de dolor (Gén. 6:6) y «en todas sus angustias Él fue afligido» (Isa. 63:9).[2] Dios no es como un jugador de ajedrez que con indiferencia nos mueve como peones sobre un tablero. Tampoco suele ser evidente hasta años después, si es que alguna vez lo es en esta vida, lo que Dios estaba logrando a través de las dificultades que sufrimos.

Cómo opera Dios a través de las tormentas

Con todo, aun cuando es difícil discernir los propósitos sabios y amorosos de Dios detrás de nuestras pruebas y dificultades, sería aún más desesperanzador imaginar que Él no tiene control sobre ellas o que nuestro sufrimiento es fortuito y sin sentido.

Jonás no pudo ver que muy dentro de la tormenta estaba operando la misericordia de Dios, al traerlo de vuelta para transformar su corazón. No debe sorprendernos que Jonás no viera esto inicialmente. El profeta no sabía cómo vendría Dios al mundo para salvarnos. Sin embargo, al vivir de este lado de la cruz, sabemos que Dios puede salvarnos a través de las debilidades, el sufrimiento y la derrota aparente. Aquellos que vieron morir a Jesús no vieron sino pérdida y tragedia. Pero, en medio de aquella oscuridad, la misericordia divina estaba operando poderosamente, propiciando el perdón para nosotros. La salvación de Dios vino al mundo a través del sufrimiento, de manera que Su gracia salvífica y Su poder pueden operar en nuestras vidas más y más mientras atravesamos las dificultades y las aflicciones. Hay misericordia en el interior de nuestras tormentas.

CAPÍTULO 3

❧

¿QUIÉN ES MI PRÓJIMO?

Entonces los marineros estaban aterrados, y cada uno clamó a sus dioses. Luego lanzaron al mar el equipo que había en el barco para aligerarlo. Pero Jonás descendió a la bodega del barco, se acostó y cayó en un profundo sueño. Después el capitán de los marineros acudió a él y le dijo: «¿Cómo puedes estar durmiendo? ¡Levántate, clama a tu dios! Quizás ese Dios nos favorezca y no perezcamos»

—JONÁS 1:5-6

El Libro de Jonás está dividido en dos mitades simétricas: los registros de su huida de Dios y luego su misión a Nínive. Cada parte tiene tres secciones: la palabra de Dios para Jonás, luego su encuentro con los gentiles paganos y, por último, su conversación con Dios. Dos veces, entonces, Jonás se encontró con

la gente que era racial y religiosamente distinta a él. En ambos casos, su comportamiento fue despectivo y de poca utilidad, mientras que los paganos actuaron de manera más admirable que él. Este es uno de los principales mensajes del libro, es decir, que Dios se interesa en cómo nosotros los creyentes tratamos a las personas que son profundamente distintas a nosotros.

Los predicadores y los maestros de este libro suelen pasar por alto estas secciones, excepto quizás observar que deberíamos estar dispuestos a llevar el evangelio a otras tierras. Esto es sin duda verdad, pero pierden el significado completo de las interacciones de Jonás con los paganos. Dios quiere que tratemos a las personas de diferentes razas y fes con respeto, amor, generosidad y equidad.

Jonás y los marineros

Jonás se había negado a obedecer el llamado de Dios a predicar a los ninivitas. Él no quería hablarles a los paganos sobre Dios o guiarlos hacia la fe. Así que huyó, ¡solo para encontrarse hablando sobre Dios a la misma clase de personas de las que estaba huyendo!

Cuando la fuerte tormenta empezó, «los marineros estaban aterrados» (v. 5). Estos eran marineros experimentados que tomaban el mal tiempo con calma, así que debe haber sido una tempestad excepcionalmente impresionante. Con todo, Jonás estaba metido en la bodega del barco, durmiendo profundamente. Hugh Martin, ministro escocés del siglo XIX, afirmaba que Jonás estaba durmiendo «el sueño de la tristeza». Muchos sabemos exactamente lo que eso significa: el deseo de escapar de la realidad mediante el sueño, aunque solo sea momentáneamente.[1] Jonás estaba profundamente agotado y exhausto, consumido por la ira, la culpa, la ansiedad y la pena.

Este es uno de los diversos contrastes trazados cuidadosamente entre los menospreciados marineros paganos y el moralmente respetable profeta de Israel. Mientras Jonás estaba desconectado del peligro que corría, los marineros estaban extremadamente alerta. Mientras Jonás estaba sumergido por completo en sus propios problemas, los marineros estaban buscando el bien de todos en el barco. Ellos oraban a sus propios dioses, pero Jonás no oraba al suyo. Ellos estaban bastante conscientes espiritualmente como para percibir que esta no era una tormenta cualquiera, sino una de peculiar intensidad. Quizás apareció de súbito y no se podía atribuir a fuerzas naturales. Los marineros fueron lo bastante sagaces para concluir que la tempestad era de origen divino, posiblemente una respuesta al grave pecado de alguno.[2] Por último, no fueron intolerantes y prejuiciosos, sino que estaban abiertos a pedir al Dios de Jonás. Es más, estaban más dispuestos que Jonás.

Cuando el capitán encontró al profeta durmiendo, le dijo: «¡Levántate, clama…!» (hebreo *qum lek*, verso 6), las mismas palabras que Dios usó cuando llamó a Jonás para que se levantara, fuera y llamara a Nínive al arrepentimiento.[3] Pero mientras Jonás se restregaba los ojos, hubo un marinero gentil que pronunció con su boca las mismas palabras de Dios. ¿Qué significa esto? Dios había enviado a Su profeta para que lo diera a conocer como el Dios verdadero. Sin embargo, los paganos dirigieron al profeta hacia Dios.

Los marineros siguieron actuando de forma encomiable. Al discernir que había pecado humano e intervención divina detrás de la tormenta, echaron suertes. Echar suertes para discernir la voluntad divina era bastante común en la antigüedad. Es posible que el nombre de cada hombre fuera puesto es un palito, y que el escogido hubiera sido el de Jonás.[4] Dios usó el echar suertes, en este caso, para señalar a Jonás. Sin embargo, aun cuando creían tener la guía divina, los marineros no entraron en pánico y de inmediato enojados le pusieron las manos encima a Jonás. No pensaron que tenían el mandato de matarlo, sino consideraron cuidadosamente la evidencia y el testimonio de Jonás para tomar la decisión correcta. Le mostraron el mayor de los respetos tanto a Jonás como a su Dios. Aun cuando Jonás les propuso que lo tiraran por la borda, hicieron todo lo posible para evitarlo. En cada punto, ellos superaron a Jonás.

Hay mucho en esta parte de la historia que el autor quiere que veamos. ¿Qué debería haber aprendido Jonás? ¿Qué deberíamos aprender nosotros?

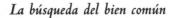

La búsqueda del bien común

Primero, aprendemos que las personas fuera de la comunidad de la fe tienen el derecho a evaluar el compromiso que tiene la iglesia con el bien de todos.

Los marineros estaban en peligro. Habían usado la tecnología y los recursos religiosos que tenían, pero no fueron suficientes. Percibieron que no podían salvarse sin la ayuda de Jonás, pero él no estaba haciendo nada al respecto. Y por eso tenemos esta imagen memorable del capitán pagano que reprendió al santo profeta de Dios. Hugh Martin predicó un sermón sobre este texto titulado «The World Rebuking the Church [El mundo reprende a la iglesia]»[5] y concluyó que Jonás merecía tal reprensión y, en gran medida, la iglesia de hoy la merece también.

¿Por qué el capitán reprendió a Jonás? Porque no tenía interés en el bienestar de todos. Es como si el capitán le estuviera diciendo: «¿No puedes ver que estamos a punto de morir? ¿Cómo puedes permanecer tan indiferente a nuestra necesidad? Comprendo que eres un hombre de fe. ¿Por qué no la ejerces para el bien de todos?». Jacques Ellul escribió:

Estos marineros de Jope [...] son paganos, o, en términos modernos, no cristianos. Pero [...] la suerte tanto de los cristianos como la suerte de los no cristianos está [...] estrechamente vinculada; todos están en el mismo barco. La seguridad de todos depende de lo que cada uno hace [...]. Están atrapados en la misma tormenta, sujetos al mismo peligro, y quieren el mismo desenlace [...] y este barco ejemplifica nuestra situación.[6]

Todos, tanto creyentes como no creyentes, estamos «en el mismo barco». (¡Nunca fue más cierto ese viejo dicho de lo que fue para Jonás!). Si el crimen, los problemas de salud, la escasez de agua o la pérdida de trabajos afectan a una comunidad, o si el orden social o económico no funciona, todos estamos en el mismo barco. Por unos momentos, Jonás vivió en el mismo «vecindario» con esos marineros, y la tormenta que amenazaba a una persona amenazaba a toda la comunidad. Jonás huyó porque no quería ocuparse en procurar el bien de los paganos, él solo quería favorecer exclusivamente los intereses de los creyentes. Pero Dios le mostró, en este caso, que Él es el Dios de todas las personas y Jonás necesitaba verse como parte de toda la comunidad humana, no solo como un miembro de una comunidad de fe.

Este no es un mero argumento pragmático: «Los creyentes harían bien en ayudar a los no creyentes o las cosas no irán bien con ellos». La Biblia afirma que colaboramos en forma conjunta, que estamos unidos y que compartimos la misma naturaleza con los demás seres humanos, porque fuimos creados a la imagen de Dios mismo y por eso somos infinitamente preciosos para Él (Gén. 9:6; Sant. 3:9).

El capitán instó a Jonás a que hiciera lo que pudiera por todos ellos. Sin duda, el capitán no tenía una idea clara sobre el Dios de Jonás. Quizás solo esperaba una oración pidiendo el auxilio a algún ser sobrenatural y poderoso. Con todo, como afirmó Hugh Martin, la reprobación sigue siendo válida. Jonás no recurrió a su fe para ayudar a enfrentar el sufrimiento de sus conciudadanos. No les dijo cómo tener una relación con el Dios del universo, ni utilizó lo recursos espirituales con los que contaba por su relación con Dios, ni estaba simplemente amando y sirviendo para atender a las necesidades prácticas de sus vecinos. Dios manda a todos los creyentes a que hagan ambas cosas, pero él no estaba haciendo ninguna. Mantener su fe escondida no traería ningún beneficio colectivo.

Alguno podría objetar que el mundo no tiene derecho a reprender a la iglesia, pero hay justificación bíblica para hacer exactamente eso. En el sermón del monte, Jesús declaró que el mundo vería las buenas obras de los creyentes y glorificarían a Dios (Mat. 5:16). El mundo no verá quién es nuestro Señor si nosotros no vivimos como debemos. En las palabras del título de un libro, somos «La iglesia ante la mirada del mundo».[7] Merecemos la represión del mundo si la iglesia no hace evidente su amor con hechos concretos. El capitán tenía derecho a reprender a este creyente que hizo caso omiso a los problemas de las personas a su alrededor y no hizo nada por ellos.

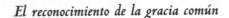

El reconocimiento de la gracia común

Segundo, aprendemos que los creyentes han de respetar y han de aprender de la sabiduría que Dios da a los que no creen. Los marineros paganos ofrecen una imagen gráfica de lo que los teólogos denominan «gracia común».

> *En [este] episodio, la esperanza, la justicia y la integridad residen no con Jonás [...] sino con el capitán y los marineros [...]. Aunque eran víctimas inocentes, los marineros nunca pronunciaron quejas de injusticia. Al encontrarse en una situación de peligro, de la que no eran responsables, buscaron resolverla por el bien de todos. Nunca tuvieron lástima de sí mismos, ni recriminaron a un dios enojado [...] ni condenaron a un mundo absurdo, ni atentaron contra el culpable Jonás para vengarse, ni promovieron la violencia como una respuesta.*[8]

La doctrina de la gracia común es la enseñanza que señala que Dios concede dones de sabiduría, discernimiento moral, bondad y belleza en toda la humanidad, sin distinción de raza o creencia religiosa. Santiago 1:17 afirma: «Toda buena dádiva y todo don perfecto descienden de lo alto, donde está el Padre que creó las lumbreras celestes, y que no cambia como los astros ni se mueve como las sombras». Es decir, en última instancia, es Dios quien permite todo acto de bondad, sabiduría, justicia y belleza, sin importar quién lo haga. Isaías 45:1 narra sobre Ciro, un rey pagano, a quien Dios ungió y dispuso para un liderazgo mundial. Isaías 28:23-29 afirma que cuando un agricultor es productivo, es Dios quien le ha enseñado a ser así.

Eso significa que toda expresión artística bella y extraordinaria, toda actividad agropecuaria hecha con habilidad, los gobiernos eficientes y los avances científicos son dones de Dios para la raza humana. Todos ellos son dones por la pura gracia y misericordia de Dios, son inmerecidos. También son «comunes», es decir, se distribuyen entre todos y a cada uno. No hay indicación de que el monarca o el agricultor mencionados en Isaías conocieran a Dios por la fe. La gracia común no regenera el corazón, ni rescata el alma, ni crea una relación personal y de pacto con Dios. Con todo, sin ella el mundo sería un lugar intolerable para vivir. Es una maravillosa expresión del amor de Dios para todas las personas (Sal. 145:14-16).

Sin duda, la gracia común estaba frente a las narices de Jonás. El mismo profeta era un recipiente de la que ha sido denominada «gracia especial». Él había recibido la Palabra de Dios—la revelación de Su voluntad fuera del alcance de la razón o la sabiduría humana, sin importar la grandeza de ella. Jonás era un seguidor del Señor, del Dios verdadero. Entonces, ¿cómo fue posible que los paganos eclipsaran a Jonás? La gracia común implica que los no creyentes a menudo actúan con mayor justicia y rectitud que los creyentes, pese a la falta de fe de los primeros; mientras que los creyentes, llenos aún de pecado, a menudo actúan mucho peor que lo que se esperaría de los que creen correctamente en Dios. Todo esto significa que los cristianos deberían ser humildes y respetuosos hacia los que no comparten su fe. Asimismo, deberían apreciar el trabajo de todas las personas, puesto que saben que los no creyentes tienen muchas buenas cosas que enseñarles. Jonás lo estaba aprendiendo de la manera difícil.

¿Quién es mi prójimo?

Ambas reflexiones sobre la importancia de la gracia común y el bien común se enseñan en la famosa parábola del buen samaritano (Luc. 10:25-37). Jesús tomó la exhortación aparentemente prosaica «ama a tu prójimo» y le dio la definición más radical posible. Declaró que todos los que tienen necesidad, entre ellos los de otras razas y creencias, son nuestro prójimo. Se nos muestra que la forma de «amar» al prójimo no es solo a través de sentimentalismos, sino a través de acciones prácticas, sacrificiales y costosas con el fin de satisfacer necesidades materiales y económicas.

El texto indica que Jonás se resistió a hacer algo e incluso a hablarles a los marineros paganos. Jonás, el profeta malo, es todo lo contrario al buen samaritano. No tenía preocupación por el «bien común», ni respeto por los no creyentes a su alrededor. En el Libro de Santiago, en el Nuevo Testamento, el autor sostiene que si afirmas tener una relación con Dios basado en Su gracia, y ves a alguien que «...no tiene con qué vestirse y carece de alimento diario» (Sant. 2:15) y no haces nada al respecto, solo pruebas que tu fe «está muerta», es irreal (v. 17).[9] La falta de misericordia en la actitud y las acciones de Jonás hacia los demás revela que su corazón desconocía la misericordia y la gracia salvífica de Dios.

CAPÍTULO 4

INCLUIR A LOS DEMÁS

Y se dijeron unos a otros: «Vengan, echemos suertes, para que sepamos quien es responsable por esta calamidad que ha venido sobre nosotros». Así lo hicieron, y la suerte cayó sobre Jonás. Entonces le dijeron: «Háblanos, tú que eres responsable por este mal que ha venido sobre nosotros. ¿Cuál es tu misión y de dónde vienes? ¿Cuál es tu país y a qué pueblo perteneces? Y él les dijo: «Soy un hebreo, y al Señor, el Dios de los cielos, que hizo el mar y la tierra, es a Él a quien temo». Entonces se apoderó de los hombres un gran temor y—después de admitir que estaba huyendo de la presencia del Señor—le dijeron: «¡Cómo pudiste hacer esto!».

—JONÁS 1:7-10

¿Quién eres?

Los marineros concluyeron que la tormenta era un castigo por pecado cometido, y echaron suertes para descubrir quién podría haber actuado indebidamente. Cuando la suerte cayó sobre Jonás, empezaron a bombardearlo con preguntas. Básicamente estaban preguntando tres cosas: su propósito (¿cuál es tu misión?), su lugar o localidad (¿de dónde vienes?, ¿cuál es tu país?) y su raza (¿cuál es tu pueblo?).[1]

Estas son preguntas sobre la identidad de una persona. Y, esta tiene múltiples aspectos. «¿A qué pueblo perteneces?» inquiere sobre el aspecto social. Nos definimos a nosotros mismos no solo como individuos, sino además por la comunidad (familia, grupo racial, partido político) con la qué nos identificamos más estrechamente. «¿De dónde vienes?» señala el lugar físico y el espacio en el que nos sentimos más como en casa, donde sentimos que pertenecemos. «¿Cuál es tu misión?» aborda el propósito en la vida. Todas las personas hacen muchas cosas: trabajan, descansan, se casan, viajan, crean; pero ¿por qué hacemos todo esto? Todas estas cosas ofrecen un sentido de trascendencia y seguridad.

Hace algunos años conocí a Mike. Cuando le pregunté quién era, me respondió que era un irlandés que había vivido en Estados Unidos por 20 años, después de haberse trasladado aquí para conseguir un mejor trabajo. Él trabajaba en construcción y así podía proveer para su familia y criar a sus hijos, lo cual era, dijo: «lo más importante sobre mí». Sin embargo, esperaba finalmente regresar a Irlanda porque era donde se sentía más como en casa. También conocí a su hijo Roberto, un abogado recién salido de la universidad que trabajaba para una organización sin fines de lucro que representaba a personas que habitaban en viviendas para familias de bajos ingresos.

Al utilizar preguntas sobre la misión, el lugar y el pueblo, fue posible ver que había un cambio de identidad entre las generaciones. La identidad de cada persona está integrada por capas. El trabajo de Roberto era la capa más importante de su identidad. Ser un profesional capacitado y hacer justicia al pobre era lo que le daba un significado real a su vida. Cuando hablé con él en esa ocasión, tenía poco interés en casarse o iniciar una familia, al estar tan absorbido por su trabajo. El trabajo de Mike, en cambio, no era su capa más importante. Solo era una fuente de dinero para su principal misión en la vida, es decir, ser un buen proveedor y criar a su familia. Aunque Roberto valoraba sus raíces irlandesas, no tenía la intención de trasladarse a Irlanda. Estados Unidos era su lugar. Tanto este padre como el hijo tenían identidades que consistían de misión, lugar y raza, pero estaban ordenadas de manera diferente.

Las preguntas de los marineros demuestran que comprendían bien cómo se conforma nuestra identidad. Preguntar sobre el propósito, el lugar y el pueblo es una manera perspicaz de preguntar: ¿Quién eres?

¿A quién perteneces?

Hoy, quizás estemos tentados a decir algo así: «Las personas ya no creen en los dioses y con frecuencia no creen en ningún dios. Así que, esta idea supersticiosa, que tu identidad está enraizada en lo que adoras, es irrelevante hoy». Afirmar esto es cometer un error básico.

Sin duda, los cristianos aceptarían que no hay seres múltiples, sobrenaturales, personales y conscientes que se vinculan a toda profesión, lugar y raza. No existe un dios romano llamado Mercurio, el dios del comercio, a quien se le deban quemar sacrificios de animales. No obstante, nadie duda que las ganancias económicas se pueden convertir en un dios, un objetivo final incuestionable tanto para la vida individual como para toda una sociedad, por lo cual se sacrifican personas y normas morales, relaciones y comunidades. Y aunque no existe una Venus, la diosa de la belleza, no obstante, un número incalculable de hombres y mujeres están obsesionados con su imagen corporal o están esclavizados a una idea irrealizable de satisfacción sexual.

Por eso, los marineros no estaban equivocados en su análisis. Todos construimos nuestra identidad a partir de algo. Toda persona debe decirse a sí misma: «Soy relevante por *esto*» y «soy aceptado porque soy bien recibido por *ellos*». Pero entonces sea lo que sea *esto* y sean quienes sean *ellos,* estas cosas se convierten en dioses virtuales para nosotros, y las más profundas verdades sobre quiénes somos. Se convierten en cosas que *debemos* tener bajo cualquier circunstancia. Recientemente hablé con un hombre que había estado

en unas reuniones en las que una institución finan-
ciera había decidido invertir en una nueva tecnología. Confidencialmente, los individuos en el salón le
confesaron que tenían reservas reales sobre el efecto
de la tecnología en la sociedad. Ellos pensaban que
eliminaría muchos trabajos por cada nuevo trabajo que
produjera, y que podría ser perjudicial para la juventud
que mayormente la usaría. Pero retractarse del trato
significaría dejar miles de millones de dólares sobre la
mesa. Y nadie podía imaginar hacer algo así. Cuando
el éxito financiero exige lealtad incondicional e incuestionable, funciona como un objeto religioso, un dios,
incluso una «salvación».[2]

La Biblia explica por qué es así. Fuimos hechos «…
a imagen de Dios…» (Gén. 1:26-27). No puede haber
imagen sin un original del que la imagen sea un reflejo.
«Ser a su imagen» significa que los seres humanos
no fueron creados para ser independientes. Debemos
buscar nuestra trascendencia y seguridad a partir de
algo con valor supremo y que está fuera de nosotros.
Ser creados a la imagen de Dios significa que debemos

vivir para el Dios verdadero o haremos un dios de algo más y nuestras vidas girarán a su alrededor.[3]

Los marineros conocían que la identidad está siempre arraigada en las cosas que esperamos que nos salven, en las cosas a las cuales les ofrecemos nuestra lealtad final. Preguntar: «¿Quién eres?» es preguntar: «¿A quién perteneces?». Saber quién eres es saber a quién te has entregado, qué te controla, en qué confías esencialmente.

Una identidad espiritualmente superficial

Por fin Jonás empezó a hablar. En el barco había permanecido alejado de los paganos impuros tanto como pudo. Cuando el capitán le pidió que orara a su Dios, Jonás respondió con silencio. Solo cuando echaron suertes y todos los del barco confrontaron a Jonás fue que finalmente obtuvieron una respuesta del reacio profeta.

Aunque la pregunta sobre la raza es la última cosa de la lista, Jonás la respondió primero. «Soy un hebreo», afirmó antes que cualquier otra cosa. En un texto tan parco en palabras, es significativo que Jonás invirtiera el orden y pusiera primero su raza como la parte más importante de su identidad. Como hemos visto, una identidad tiene varias facetas o capas, algunas de las que son más esenciales para la persona que otras. Como un estudioso lo señaló: «puesto que Jonás se identifica en primer lugar en cuanto a su etnia, y luego, en cuanto a su religión, podemos inferir que su etnicidad ocupa el primer lugar de su identidad personal».[4]

Aunque Jonás tenía fe en Dios, parece que no era tan profunda y fundamental como su raza y nacionalidad. Muchas personas en el mundo añaden a su religión, por así decirlo, su identidad étnica, que es más esencial para ellas. Por ejemplo, alguno podría afirmar: —¡Soy noruego, por supuesto soy luterano!, aunque nunca asista a la iglesia.

Si su raza era más esencial que su fe para la percepción que tenía sobre sí mismo, podría explicar la razón por la que Jonás estaba tan reacio a ir a Nínive y llamarla al arrepentimiento. El prospecto de llamar

a personas de otros pueblos a la fe en Dios no le gustaría de ningún modo a alguien con una identidad espiritualmente superficial. La relación de Jonás con Dios no era tan fundamental para su trascendencia como su raza. Por eso, cuando la lealtad a su pueblo y la lealtad a la Palabra de Dios parecieron estar en conflicto, escogió apoyar a su nación por encima del amor de Dios y Su mensaje a otra sociedad.

Lamentablemente, muchos cristianos hoy muestran las mismas actitudes. No es solo el resultado de una educación deficiente o la falta de amplitud cultural. Más bien, su relación con Dios por medio de Cristo no ha ido lo suficientemente profunda en sus corazones. Al igual que en la vida de Jonás, Dios y Su amor no constituyen la capa más importante de su identidad. Sin duda, la raza no es lo único que puede bloquear el desarrollo de la identidad cristiana. Por ejemplo, puedes creer sinceramente que Jesús murió por tus pecados, y con todo tu trascendencia y tu seguridad pueden estar basadas en mayor medida en tu carrera profesional y tu patrimonio que en el amor de Dios por medio de Cristo.

Las identidades cristianas superficiales explicarían por qué los que dicen ser cristianos pueden ser racistas y materialistas, adictos a la belleza y el placer, o llenos de ansiedad y propensos al exceso de trabajo. Todo esto surge porque no es el amor de Cristo, sino el poder, la aprobación, la comodidad y el control del mundo los que constituyen el origen de tal identidad.

Una identidad que no ve

Una identidad superficial es además la que nos impide vernos realmente a nosotros mismos. En este caso, Jonás, un profeta de Dios con una posición privilegiada en la comunidad del pacto, era a cada paso torpe, egoísta, prejuicioso y tonto. No obstante, no parecía darse cuenta de esto. Ciertamente, parecía estar más ciego a sus faltas que todos a su alrededor. ¿Cómo era esto posible?

Jonás nos recuerda otro personaje bíblico: Pedro. Él tenía una posición de privilegio en la comunidad de la fe. Era uno de los amigos íntimos del mismo Jesús, y estaba bastante orgulloso de esto. Antes del arresto de Jesús, Pedro juró que, si venía la persecución, aunque los otros discípulos lo abandonaran, él no lo haría (Juan 13:37; Mat. 26:35). En efecto, dijo: «Mi amor y devoción por ti son más fuertes que lo que sienten cualquiera de los otros discípulos. Yo seré más valiente que todos los demás, no importa lo que pase». Pero resultó ser más cobarde que el resto al negar a Jesús públicamente tres veces. ¿Cómo pudo Pedro haber estado tan ciego a quién era él en realidad?

La respuesta es que la identidad más básica de Pedro no se basaba tanto en el amor misericordioso de Jesús por él como en su compromiso y amor por Jesús. Su amor propio estaba basado en el nivel de compromiso que pensaba que había logrado con Cristo. No le cabía la menor duda delante de Dios y de la humanidad porque, pensaba, era un discípulo totalmente dedicado a Cristo. Hay dos resultados de tal identidad.

El primer resultado es la ceguera a nuestra verdadera condición. Si la opinión que tienes sobre ti mismo viene de lo valiente que eres, será traumático admitir toda cobardía. Si tu propio yo está basado en tu gallardía, cualquier falta de arrojo significará que no habrá quedado nada de tu «yo». Sentirás que no tienes ningún valor. Sin duda, si basas tu identidad en cualquier clase de logro, generosidad o virtud, nunca aceptarás la profundidad de tus faltas y deficiencias. No tendrás una identidad lo bastante segura como para admitir tus pecados, debilidades y defectos.

El segundo resultado es la hostilidad antes que el respeto por las personas que son diferentes. Cuando arrestaron a Jesús, aunque les había anunciado muchas veces que esto tenía que suceder, Pedro sacó una espada y le cortó la oreja a uno de los soldados. Toda identidad basada en tus logros y tu comportamiento es una identidad insegura. Nunca estarás seguro si has hecho suficiente. Eso significa, por otra parte, que nunca podrás ser honesto contigo mismo en cuanto a tus propios defectos. Pero también significa que siempre necesitarás reforzarla al compararte con los que son diferentes y tener una actitud hostil hacia ellos.

Pedro y Jonás estaban orgullosos de su fervor religioso y habían basado la percepción que tenían de sí mismos en sus logros espirituales. Como resultado, ninguno vio sus defectos y pecados y se mostraron hostiles hacia los que eran diferentes. Jonás no mostró ninguna preocupación ante la difícil situación espiritual de los ninivitas, ni se interesó en trabajar junto con los marineros paganos por el bienestar de todos. Trató a los paganos no solo como diferentes, sino como a «los otros», al adoptar varias formas de exclusión.

Una identidad que excluye

Lo que Jonás hizo es lo que algunos llaman «otredad». Categorizar a los individuos como «los otros» es enfocarse en ellos como entidades suficientemente ajenas al concepto de *nosotros* como para creer que hay una diferencia entre nosotros y ellos, hasta que los deshumanizamos. Podemos decir entonces: «Tú sabes cómo son *ellos*», por lo que no necesitamos interactuar con ellos. Esto permite excluirlos de diversas formas: al simplemente ignorarlos, al obligarlos a conformarse a nuestras creencias y prácticas, o al exigirles vivir en ciertos barrios pobres, o solo al expulsarlos.[5]

Los lectores estamos empezando a ver que Jonás necesitaba desesperadamente de la misericordia de Dios, la que le resultaba tan perturbadora. Bajo el poder de la gracia de Dios su identidad tendría que cambiar, como la nuestra.

CAPÍTULO 5

EL MODELO DEL AMOR

Entonces le dijeron: «¿Qué tenemos que hacer para que el mar se calme en torno nuestro, pues se agita más y más?». Él les dijo: «Levántenme y láncenme al mar; entonces el mar se calmará, pues por mi causa ha venido esta gran tormenta sobre ustedes». Sin embargo, los hombres remaron más fuerte que nunca para volver a tierra seca, pero no pudieron, pues el mar se agitaba más y más en torno a ellos. Entonces clamaron al Señor: «Oh Señor, no permitas que perezcamos por causa de la vida de este hombre, ni pongas sangre inocente sobre nosotros. Pues tú, oh Señor, tienes el poder para hacer siempre lo que quieres». Así que levantaron a Jonás y lo lanzaron al mar, y la furia del mar cesó. Entonces se apoderó de los hombres un gran temor al Señor. Y ofrecieron un sacrificio al Señor y le hicieron votos solemnes. Y el Señor preparó un gran pez para que se tragara a Jonás. Y Jonás estuvo en el vientre del pez tres días y tres noches.

—JONÁS 1:11-17

«Lánceme al mar»

Una vez que los marineros supieron que Jonás era la causa de la tormenta, pensaron que también él era la clave para calmarla. Le preguntaron si había algo que debían hacer con él para calmar la tormenta. Jonás replicó que debían lanzarlo al mar. ¿Por qué les dijo esto? ¿Estaba arrepentido y solo estaba diciendo algo como: «merezco la muerte porque he pecado contra Dios, mátenme»? O ¿sus motivos eran precisamente lo opuesto? ¿Estaba diciendo algo como: «prefiero morir antes que obedecer a Dios e ir a Nínive, mátenme»? ¿Estaba sometiéndose a Dios o estaba rebelándose contra Dios?

Es probable que la respuesta esté en algún punto intermedio. No hay razón para pensar que las motivaciones y las intenciones de Jonás serían más coherentes y ordenadas de lo que serían las nuestras en un momento de peligro y crisis. No usó el lenguaje de arrepentimiento, ni tendría sentido pensar que podría pasar tan rápido de la rebelión a la sumisión a Dios.

Como lo mostrará el resto del libro, la travesía de Jonás para alejarse de su presunción de superioridad moral sería lenta. Por otra parte, si solo quería morirse en vez de ir a Asiria, podría haberse matado sin irse de viaje. La clave para entender su actitud en estos momentos está incluida en su respuesta a la pregunta de los marineros. Nótese que no dijo nada sobre Dios. Su preocupación estaba en otra parte. Afirmó que, si lo lanzaban al agua «el mar se calmará, pues por mi causa ha venido esta gran tormenta sobre ustedes». Jonás empezaba a asumir la responsabilidad de la situación no porque estuviera mirando a Dios, sino porque estaba mirando a los marineros. Y esto es importante.

Como veremos, Jonás se negó a llevar a cabo la misión que Dios le había encomendado, en gran parte porque no quería extender misericordia a los paganos. No obstante, vio a estos hombres aterrorizados frente a él. Ellos habían clamado a sus dioses mientras que él no había hablado con el suyo. Lo interrogaron con todo respeto, le preguntaron qué debían hacer y no simplemente lo mataron. No habían hecho nada malo.

Como Leslie Allen escribió, el carácter «del marinero ha[bía] evidentemente disipado su despreocupada apatía y tocado su conciencia».[1]

Jonás no pudo haber sido conmovido por algo más elevado, sino por la pura lástima, pero eso era mucho mejor que el desprecio. A menudo, el primer paso para tomar conciencia espiritualmente es cuando empezamos a pensar en alguien, cualquier persona, aparte de nosotros. Así que Jonás estaba diciendo algo como esto: «Ustedes están muriendo por causa mía, pero yo debería estar muriendo por ustedes. Soy el único con el que Dios está enojado. Arrójenme».

Los marineros siguieron actuando de manera admirable cuando, pese a la oferta de Jonás, trataron de remar hacia la costa. Solo después que se dieron cuenta de que no había otra manera de salvarse, y solo después que reconocieron la gravedad de lo que estaban a punto de hacer, echaron a Jonás por la borda, con temor, temblor y plegarias a Dios.

El modelo de la substitución

La compasión de Jonás provocó en él uno de los más primordiales instintos humanos, es decir, que el más auténtico modelo del amor es substitutivo. Jonás estaba diciendo: «Enfrentaré la ira de las olas para que ustedes no tengan que hacerlo». El verdadero amor satisface las necesidades del ser amado sin importar el costo para uno mismo. El amor que cambia la vida es alguna clase de sacrificio substitutivo.

Piensa por un momento en la crianza de los hijos. Ellos necesitan que les leas, y les leas, y les leas, y que les hables, y les hables y les hables, si quieres que desarrollen la habilidad de entender y usar el lenguaje. Sus capacidades intelectuales y sociales, y su bienestar emocional, son enormemente formadas por el tiempo que dedicamos a nuestros hijos. Esto conlleva sacrificio por parte del padre y la madre. Debemos alterar nuestras vidas por muchos años. Y si no lo hacemos, ellos crecerán con toda clase de problemas. Son ellos o nosotros. Debemos perder gran parte de nuestra libertad ahora, o ellos no serán adultos libres e independientes más adelante.

Hay un sinnúmero de otros ejemplos. Siempre que cumplimos una promesa o un voto a alguien pese al costo, siempre que perdonamos a alguien de quien podríamos vengarnos, siempre que permanecemos cerca de alguien que sufre y cuyos problemas lo/la están consumiendo a él/ella y a los que están a su alrededor, estamos amando conforme al modelo del sacrificio substitutivo. Nuestra pérdida, ya fuere de dinero, tiempo o energía, es su ganancia. Nosotros menguamos para que ellos crezcan. No obstante, en semejante amor, no menguamos, sino que nos hacemos más fuertes, más sabios, más felices y más reflexivos. Ese es el modelo del verdadero amor, no el supuesto amor que usa a otros para satisfacer las propias necesidades de realización personal.

Entonces, no debería sorprendernos que cuando Dios vino al mundo en la persona de Jesucristo, nos amó de esa manera. Ciertamente, podemos pensar que la razón por la que este modelo de amor es tan transformador en la vida humana es porque somos creados a la imagen de Dios, y así es como Él ama. El ejemplo de Jonás puso esto de manifiesto.

Uno más grande que Jonás

Cuando Jesús se refirió a la «...señal [...] del profeta Jonás» (Mat. 12:39) y se llamó a Sí mismo «... uno más grande que Jonás» (Mat. 12:41), quiso decir que, así como Jonás se sacrificó para salvar a los marineros, así Él moriría para salvarnos.[2] Desde luego, las diferencias entre Jonás y Jesús son muchas y profundas. Jonás fue echado fuera por sus propios pecados, pero no ocurrió lo mismo con Jesús (Heb. 4:15). Jonás solo estuvo cerca de la muerte y se hundió bajo el agua, mientras que Jesús realmente murió y sufrió el peso de nuestro pecado y castigo. Sin embargo, la semejanza existe. Jacques Ellul escribió sobre el momento en que lanzaron a Jonás a las profundidades:

En este momento Jonás asume la función del chivo expiatorio. El sacrificio que hace los salva. El mar se calma. Los salvó espiritual y materialmente [. . .]. Jonás es un ejemplo de la manera cristiana [. . .]. Lo importante es que esta historia es en realidad la alusión precisa a una historia más grande y que nos atañe directamente. Lo que Jonás no pudo hacer, pero que su proceder anuncia, es hecho por Jesucristo. Él es quien acepta la total condenación [. . .].

Jonás no es Jesucristo [. . .] pero él es uno de la larga lista de tipos de Jesús, cada uno representa un aspecto de lo que el Hijo de Dios será en su totalidad [. . .] [y] si es cierto que el sacrificio de un hombre que acepta su condenación puede salvar a otros a su alrededor, entonces es mucho más cierto cuando el que se sacrificó es el mismo Hijo de Dios [. . .]. Es únicamente por el sacrificio de Jesucristo que el sacrificio de Jonás es de provecho y salva.[3]

Jesús resumió su misión en Marcos 10:45: «Porque ni aun el Hijo del Hombre vino para que le sirvan, sino para servir y para dar su vida en rescate por muchos» (comp. 1 Tim. 1:15, 2:5-6). La palabra que se traduce «por» en «rescate por muchos» es una «preposición de substitución», de manera que el versículo implica que Jesús murió por nosotros.[4] Como afirma el himno: «Soportando la vergüenza y el rudo escarnio, enfrentó la condenación por mí».[5] Cuando Jesucristo vino la primera vez a este mundo, al asumir nuestra humanidad, y más tarde al ir a la cruz, llevando nuestro pecado, se convirtió en el mayor ejemplo y expresión del modelo del verdadero amor: el sacrificio substitutivo.

«La furia del mar cesó»

«Al momento que Jonás se hundió bajo el agua, la tormenta se extinguió tan súbitamente como si una luz se hubiera apagado».[6] Se nos narra que «la furia del mar cesó» (v. 15). Algunos podrían ver esto como una personificación poética, una simple expresión retórica, pero ¿es eso todo? La «furia» de la tormenta era una expresión real del enojo de Dios hacia Su profeta rebelde, la que se apartó cuando Jonás fue lanzado a las olas. De la misma manera, el sacrificio de Jesús es llamado «propiciación» (Rom. 3:25; Heb. 2:17; 1 Jn. 2:2, 4:10), una vieja palabra que implica que Cristo enfrentó la ira de Dios sobre el pecado y el mal al ponerse en nuestro lugar y llevar el castigo que merecíamos.[7]

La noción de un Dios airado les parece repulsiva a muchos hoy, aunque la gente moderna aceptaría ampliamente que estar apasionado por la búsqueda de la justicia implica una ira legítima.[8] Negar la ira de Dios sobre el pecado no solo nos priva de una visión completa sobre la santidad y la justicia de Dios, sino además puede hacer menguar nuestro asombro, amor y alabanza ante lo que Jesús soportó por nosotros. A diferencia de Jonás, que fue castigado únicamente por su propia desobediencia, Jesús tomó la completa condenación divina, de manera que no queda ninguna para los que creen (Rom. 8:1). Él vació la copa de la justicia divina por lo que no queda ni una gota para nosotros (Mat. 26:39, 41).

Si leemos el Libro de Jonás como un texto independiente, podríamos tener la impresión a estas alturas que el Dios de la Biblia era malhumorado y vengativo. Pero incluso dentro de los límites de esta historia, vemos que Dios se abstuvo de dar a Jonás todo lo que merecía. Como Jesús no es solo un hombre, sino Dios mismo que vino a la tierra, entonces lejos de representar a una deidad vengativa, toda la Biblia nos muestra a un Dios que vino y llevó nuestro propio castigo. ¡Tan grande es su misericordia!

Como vimos con anterioridad, todo el problema de Jonás es el mismo que el nuestro: la convicción de que, si entregamos completamente nuestra voluntad a Dios, Él no estará comprometido con nuestro bienestar y gozo. Pero, la prueba máxima de que esta creencia es una mentira profundamente arraigada es esta: un Dios que nos sustituye y sufre por nosotros de modo que podamos quedar libres, es un Dios en el que podemos confiar.

Jonás desconfió de la bondad de Dios, pero no sabía nada sobre la cruz. ¿Cuál es nuestra excusa?

El impacto de esto en los marineros paganos fue grande. Cuando el mar se calmó totalmente, «se apoderó» de ellos «un temor» aún mayor que cuando pensaron que se ahogarían. Pero este era cualitativamente un nuevo tipo de temor. Era el temor «al Señor» (v. 16). Los marineros usaron el nombre del pacto:

«Yahvéh», el nombre personal hebreo que denota una relación salvífica y personal con Él. El temor al Señor es la esencia de todo conocimiento y toda sabiduría de salvación (por ejemplo, Sal. 111:10; Prov. 9:10). De inmediato los marineros comenzaron a ofrecer promesas y sacrificios al Señor. Pensaron que era como una deidad tribal de Jonás, pero la liberación de Jonás los hizo ver la grandeza de quién era realmente Dios.

La mayoría de los comentaristas cree que esto significa que se convirtieron. Las conversiones en tiempos de extrema tensión o miedo, como durante una guerra («en las trincheras»), son célebres. Las personas bajo presión a menudo hacen votos a Dios y ofrecen obediencia cuando hay un desastre inminente, pero después de que ha pasado, los ritos religiosos y las oraciones se esfuman. Con estos hombres fue diferente. Ellos hicieron sus votos después que el peligro había pasado. Eso indica que no estaban buscando a Dios por lo que podía hacer por ellos, sino solo por la grandeza de quién era Él. Ese es el inicio de la verdadera fe.

Todo esto es irónico. Jonás estaba huyendo de Dios porque no quería ir y mostrar la verdad de Dios a los impíos, pero eso fue exactamente lo que terminó haciendo. Daniel C. Timmer escribió: «La acción en contra de las misiones por parte de Jonás resultó irónicamente en la conversión de los que no eran israelitas».[9] Otro comentarista añadió: «Esto nos adentra aún más en las lecciones de este libro sobre la soberanía de Dios. Lo que Dios va a hacer, lo hará».[10]

Apenas Jonás tocó el agua, el Dios en quien no confiaba lo salvó de manera milagrosa. Esta misteriosa misericordia divina que a Jonás le pareció inexplicable y ofensiva, se convirtió en su única esperanza. No se ahogó, sino que lo tragó un gran pez. En esa prisión, Jonás empezó a comprender el significado y la maravilla de la gracia de Dios.

CAPÍTULO 6

తలౖ

HUIR DE LA GRACIA

*Y el Señor preparó un gran pez para que se tragara a Jonás.
Y Jonás estuvo en el vientre del pez tres días y tres noches.
Entonces Jonás oró al Señor su Dios desde el vientre del pez y
dijo: «Clamé al Señor, desde mi angustia, y él me respondió;
desde el vientre del Seol clamé, y tú escuchaste mi voz. Porque
me arrojaste a lo profundo, al corazón de los mares, y la
corriente me rodeó; todas tus olas y tus ondas pasaron sobre mí.
Entonces dije: 'He sido expulsado de tu presencia; sin embargo,
sigo con la mirada fija hacia tu santo templo'. Las aguas me
asediaron para quitarme la vida; el abismo me rodeó; las algas
se enredaron en mi cabeza. Me hundí hasta las raíces de los
montes. El inframundo, sus rejas se cerraron sobre mí para
siempre. Pero tú me levantaste con vida del sepulcro, oh Señor
mi Dios. Cuando mi vida menguaba, me acordé del Señor. Mi
oración llegó hasta ti, hasta el templo de tu santidad. Los que
se aferran a ídolos abandonan la gracia que es suya. Pero yo,
con voz de acción de gracias te ofreceré sacrificios. Lo que he
prometido lo cumpliré. ¡La salvación solo viene del Señor!» Y
el Señor habló al pez, y este vomitó a Jonás sobre la tierra seca.*

—JONÁS 1:17-2:10

¿Dónde encontramos la gracia de Dios?

La historia revela que Dios «preparó» un gran pez para que se tragara a Jonás. Este verbo se usa varias veces en el libro, como cuando Dios preparó una planta para que creciera y luego muriera, como veremos en el capítulo 4 del Libro de Jonás. En cada caso, Dios dispuso una circunstancia en la historia para enseñarle a Jonás algo que necesitaba saber.[1] En retrospectiva, podemos ver que la mayoría de las lecciones más importantes que hemos aprendido en la vida son el resultado de las grandes misericordias de Dios. Son eventos que fueron difíciles o incluso insoportables en el momento, pero más tarde produjeron mayor bien en nuestras vidas del que podríamos haber previsto.

El gran pez es un ejemplo perfecto de esta abundante misericordia. Sin duda, el pez salvó la vida de Jonás al tragárselo. Sin embargo, todavía seguía en una prisión acuosa. Todavía seguía en el fondo del mundo, hasta las «raíces de los montes», lejos de toda ayuda y esperanza. Seguía vivo, pero ¿por cuánto tiempo? Era solo un respiro temporal, a no ser que Dios realizara otro acto de liberación.

Peter Craigie escribió que cuando rechazamos y desobedecemos a Dios, como lo hizo Jonás, «requiere un tratamiento radical si ha de ser corregido». Él indicaba que el texto describía a Jonás descendiendo: descendió a Jope, entró en el barco, descendió al fondo de este, y ahora, finalmente, descendió a lo profundo del océano. «Pero no fue hasta que tocó fondo y se despojó de su creciente independencia, cuando fue posible la liberación».[2] Había un defecto fatal en el carácter de Jonás que había permanecido escondido mientras las cosas le iban bien. Fue solo a través del fracaso completo que pudo empezar a verlo y cambiarlo.

Este principio funciona en múltiples niveles. En el discurso de graduación de Harvard en 2008, J. K. Rowling describió un momento en su vida en que había «fallado de forma descomunal. Un matrimonio excepcionalmente breve había implosionado, no tenía trabajo, era madre soltera, y tan pobre como era posible serlo en Inglaterra sin ser una indigente». Pero, añadió, «empecé a dirigir toda mi energía en terminar el único trabajo que me importaba. Si realmente hubiera tenido éxito en algo más, nunca habría encontrado la determinación para triunfar en el ámbito [de la escritura, al que] creo que de verdad pertenezco».[3] En resumen, ella afirmó que su éxito estaba edificado en sus fracasos.

Jacob no estaba preparado para guiar a la familia de Dios hasta cuando se vio obligado a huir de su casa, experimentó años de malos tratos a manos de su suegro y enfrentó (lo que pensó que era) un violento encuentro con su agraviado hermano, Esaú. Fue solo entonces que Jacob se encontró con Dios cara a cara (Gén. 32:1-32). Abraham, José, David, Elías y Pedro se convirtieron en poderosos líderes a través del fracaso y del sufrimiento. Solo cuando tocas fondo, cuando todo se derrumba, cuando todos tus planes y recursos se han desbaratado y agotado, es que finalmente estás abierto a aprender cómo depender completamente de Dios. Como suele decirse, nunca te das cuenta de que Jesús es todo lo que necesitas hasta que Jesús es todo lo que tienes. Debes perder tu vida para encontrarla (Mat. 10:39).

Si Jonás debía finalmente empezar a ascender, tanto en el agua como en la fe, Dios lo haría tocar fondo. El camino hacia arriba era, en primer lugar, hacia abajo. El lugar usual para aprender los mayores secretos de la gracia de Dios está en el fondo.

Pero no fue solo estar en el fondo lo que inició la transformación de Jonás, sino la oración cuando estaba en el fondo. Como lo afirmaría, en este punto de la historia, Jack Sasson: «La acción está a punto de detenerse por completo para dejar a Jonás a solas con su Dios».[4] El profeta comenzó a orar, y en el punto culminante de la oración, habló de *chesdh* (Jon. 2:9). Es una palabra bíblica clave que se traduce como «misericordia» o «gracia». Se refiere al amor de Dios por causa del pacto. Fue hasta el final de la oración que Jonás hizo una declaración sobre la gracia de Dios, pero cuando lo hizo, fue devuelto a la tierra de los vivos.

¿Qué es la gracia de Dios?

En su gran libro *Hacia el conocimiento de Dios*, J. I. Packer observaba que muchas personas hablan sobre la gracia de Dios, pero es una abstracción para ellas, no un poder que transforma la vida. Manifestaba que «la gracia presupone [...] verdades cruciales [...], y si no se aceptan ni se sienten en el corazón, una decidida fe en la gracia de Dios se hace imposible».[5] La oración de Jonás muestra que comprendió tres de estas verdades cruciales.

La primera verdad que debemos comprender es lo que Packer llamó nuestra «bancarrota moral». Este es un mensaje difícil para que lo escuche nuestra cultura. Vivimos en una época marcada por «el triunfo de la terapéutica».[6] Se nos enseña que nuestro problema es la falta de autoestima, que vivimos con demasiada vergüenza y autoincriminación. Además, se nos dice, que todos los valores morales están construidos socialmente y son relativos, de manera que nadie tiene el derecho de hacerte sentir culpable. Tú debes determinar para ti mismo lo que está bien o está mal. En una sociedad dominada por tales creencias, el mensaje persistente de la Biblia de que somos culpables pecadores da la impresión de ser opresivo, si no malvado y peligroso. Estos temas culturales modernos hacen innecesaria la oferta de la gracia, incluso hacen de ella un insulto.

Sin embargo, en su oración, Jonás dijo: «*me arrojaste a lo profundo, al corazón de los mares*» (v. 3). Es porque sabía que había una justicia divina y que la merecía.

La segunda verdad es que debemos creer en lo que Packer llamó nuestra «impotencia espiritual». Debemos admitir no solo nuestros pecados, sino además que no podemos restaurarnos, ni limpiarnos de ellos. De nuevo, nuestra cultura no nos ayuda en este caso, pues no está dominada solo por la terapéutica, sino además por la tecnología. Aun si aceptamos la responsabilidad por nuestra conducta indebida, creemos que «podemos corregirla». La manera más común en que tratamos de hacerlo es que aplicamos la tecnología de la moralidad. Creemos que, con el trabajo duro y la meticulosa observancia religiosa, podemos restaurar nuestra relación con Dios e incluso lo colocamos en una posición en la que «no puede decirnos que "no"».[7]

Esta idea, que podemos corregirnos a nosotros mismos a través del esfuerzo moral, estaba ciertamente presente en los días de Jonás. Es una creencia fundamental en otras religiones. Sin embargo, en el versículo 6, Jonás la rechazó justificadamente. Él afirmó que se estaba hundiendo en el «inframundo», el mundo bajo el agua, el más alejado del mundo de los vivos, y de Dios y Su templo, y «sus rejas se cerraron sobre mí para siempre». Se dio cuenta que estaba condenado y separado permanentemente por causa de su pecado y rebelión, y que no había forma posible de abrir esas rejas por sí mismo ni saldar su deuda. El famoso himno lo expresa así:

> No son las obras de mis manos
> las que pueden cumplir las demandas de Tu ley.
> Aunque mi celo no tuviera descanso,
> aunque mis lágrimas fluyeran por siempre,
> Y todo por mi pecado, justificación no podría lograr.
> Tú debes salvar, y solo Tú, Señor.[8]

Estamos «separados» de Dios, y la doctrina de la gracia tiene repercusiones profundas si admitimos que no podemos salvarnos a nosotros mismos.

Maravillosa gracia

La tercera verdad que debemos comprender, si queremos entender la gracia de Dios de una manera que transforma, es lo costosa que es la salvación que Dios ofrece. No solo una vez, sino dos veces en su oración, Jonás no se limitó a mirar hacia el cielo, sino «hacia tu santo templo» (v. 4) y al «templo de tu santidad» (v. 7). ¿Por qué? Jonás sabía que era sobre el propiciatorio en el templo que Dios había prometido hablar con nosotros (Ex. 25:22). El propiciatorio era una cubierta de oro sobre el arca del pacto, en el que se encontraban las tablas con los Diez Mandamientos. En el día de la expiación, un sacerdote rociaba sobre y delante del propiciatorio la sangre del sacrificio expiatorio por los pecados del pueblo (Lev. 16:14-15).

¡Qué imagen! El templo era la residencia del Dios santo, Su justicia moral perfecta representada por los Diez Mandamientos que ningún ser humano jamás ha guardado ni puede guardarlos. ¿Cómo debemos acercarnos a Dios? ¿Acaso no nos condenaría la ley de

Dios? Ciertamente lo haría, excepto por la sangre del sacrificio expiatorio sobre y delante del propiciatorio, encima de los Diez Mandamientos, que nos protege de su condenación. Es solo cuando la muerte de otro asegura nuestro perdón que podemos hablar con Dios.

Ni Jonás ni ningún otro israelita en ese momento entendió todo lo que esto significaba, pero sería difícil imaginar una mejor imagen del evangelio de Jesús. El templo y el sistema sacrificial establecieron estas tres «verdades de la gracia» como un fundamento: somos pecadores, no podemos salvarnos a nosotros mismos y podemos ser salvos solo a través de medidas extremas y costosas. No hasta siglos después se revelaría que la expiación no podría efectuarse mediante la sangre de toros y machos cabríos, sino solo mediante el sacrificio de Jesucristo hecho una vez y para siempre (Heb. 10:4-10).

J. I. Packer tiene razón. Muchas personas cantan «Maravillosa gracia», pero solo de los labios para afuera porque la gracia no ha causado una transformación profunda en ellos. La gracia de Dios se convierte en algo maravilloso, infinitamente consolador,

hermoso y aleccionador solo cuando estamos plenamente convencidos, comprendemos y recordamos los
contextos de estas tres verdades: que no merecemos
nada más que la condenación, que somos absolutamente incapaces de salvarnos a nosotros mismos, y
que Dios nos ha salvado, a pesar de nuestro pecado, a
un costo infinito para Él mismo. Algunos tienen una
opinión demasiada elevada de sí mismos. La gracia de
Dios no les impresiona porque sienten que no la necesitan, o al menos, no tanto. Sin duda, otros se ven a sí
mismos como fracasados pero, aunque pudieran tener
alguna noción de un abstracto «Dios de amor», no tienen ni idea de la enormidad del sacrificio de Jesús para
librarlos de la deuda, la esclavitud y la muerte. Ellos no
se maravillan, ni están llenos de amor ni de adoración,
porque no valoran la inmensa obra de Cristo.

El grito de la gracia

Ahora vemos por qué no encontramos gracia en los
mejores momentos de nuestras vidas sino en los peores,

cuando tocamos fondo. Ningún corazón humano aprenderá sobre su pecaminosidad e impotencia porque se le haga saber que es pecaminoso. A menudo, es preciso demostrárselo con una brutal experiencia. Ningún corazón humano se atrevería a creer en una gracia gratuita y costosa a menos que fuera la única esperanza. Es una combinación de difíciles circunstancias, una comprensión del evangelio bíblico sobre la expiación por el pecado y la oración persistente, que puede movernos a asombrarnos y maravillarnos, incluso en los lugares más oscuros y profundos.

Algo de ese asombro y de esa maravilla ante la gracia se da a entender en la oración de Jonás. Él había reconocido que las «rejas se cerraron sobre mí para siempre». Sin embargo, de inmediato añadió: «Pero tú me levantaste con vida del sepulcro, oh Señor mi Dios» (v. 6). Estaba perdido, condenado y no podía abrir las puertas de su prisión. Pero Dios lo salvó. Jonás empezó a alabar a Dios y se consagró aun antes de que tuviera alguna seguridad de que escaparía del pez por alguna fuerza sobrenatural. Esto es importante señalarlo. Es cuando comprendió la gracia de Dios que «tomó la gran decisión».[9] «No es cuando la historia se reencauza por algún evento sobrenatural [...] que ocurren los grandes milagros. Sino es cuando una persona reconoce su pecado, lo confiesa ante Dios y, como resultado, Dios restaura la relación rota entre el Creador y la criatura».[10] Esta fue la liberación real y no la liberación del pez.

La oración de Jonás terminó con un grito de júbilo. A medida que fue poniendo juntos los componentes de una doctrina de la gracia, comprendió la maravilla de ella, y en una declaración climática afirmó: «¡La salvación solo viene del Señor!» (v. 9). Algunos han llamado a este texto el versículo central de las Escrituras, o al menos, expresa con gran economía de lenguaje el punto principal de toda la Biblia.

Literalmente afirma que la salvación es del Señor, y la frase preposicional denota posesión.[11] La salvación pertenece solo a Dios, a nadie más. Si alguno es salvo, es totalmente obra de Dios. No se trata de que Dios te salva parcialmente y que tú te salvas parcialmente. No. Dios nos salva. Nosotros no nos salvamos a nosotros mismos, ni podemos hacerlo. Ese es el evangelio.

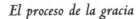

El proceso de la gracia

Ahora bien, cuando se coloca dentro del contexto de todo el Libro de Jonás, esta oración tiene un aspecto que invita a la reflexión. En el versículo 8, Jonás expresó que «los que se aferran a ídolos abandonan la gracia que es suya». Afirmó acertadamente que la idolatría impide a las personas recibir la gracia. Pero ¿a qué personas se refería? Según el contexto, ha dicho que los paganos que adoran estatuas e ídolos renuncian a la gracia de Dios. Aunque esa declaración es así, no podemos dejar de leer a la luz de la actitud reincidente de Jonás, la ira y la confusión ante la misericordia de Dios por los ninivitas, lo que veremos cuando lleguemos al capítulo cuatro del Libro de Jonás.

En otras palabras, pese a su avance aquí, Jonás no había comprendido la gracia tanto como podríamos haber pensado al principio que lo había hecho. Había todavía un sentimiento de superioridad y fariseísmo que lo llevarían a reventar de enojo cuando Dios tuvo misericordia de aquellos a los cuales Jonás consideraba como inferiores. Vio a los ídolos que adoraban los paganos y no vio los ídolos más sutiles en su propia vida que le impedían comprender plenamente que él también, así como los paganos, vivían solamente y en la misma medida solo por la gracia de Dios.

Dios liberó a Jonás del pez aun cuando, como muy pronto se haría evidente, su arrepentimiento era solo parcial. Con todo, el Dios misericordioso pacientemente trabaja con nosotros, a pesar de nuestras imperfecciones e ignorancia.

CAPÍTULO 7

༽ༀ༼

HACER JUSTICIA,
PREDICAR IRA

Entonces la palabra del Señor vino a Jonás por segunda vez, y le dijo: «Levántate, ve a Nínive, la gran ciudad, y proclámale el mensaje que yo te diga». Así que Jonás se levantó y partió hacia Nínive, conforme a la palabra del Señor. Nínive era una ciudad sumamente grande, de un recorrido de tres días. Jonás emprendió un recorrido de un día a través de la ciudad y entonces clamaba a gran voz: «¡Dentro de cuarenta días, Nínive será destruida!». Y la gente de Nínive creyó a Dios. Ellos convocaron a un ayuno y se vistieron de cilicio, desde el mayor hasta el menor de ellos. La noticia llegó al rey de Nínive, y se levantó de su trono, se despojó de su manto, se cubrió de cilicio y se sentó sobre ceniza. Y clamó a gran voz y promulgó un decreto en Nínive, por la autoridad del rey y los nobles, que decía: «Por decreto del rey y de sus nobles: Ni hombre ni bestia, ni buey ni oveja, prueben cosa alguna. No pasten ni beban agua, sino que el hombre y la bestia se cubran de cilicio, y que clamen con fervor a Dios. Que cada persona abandone sus malos caminos y la violencia que planea hacia otros. ¿Quién sabe? Quizás Dios se arrepienta y aparte el ardor de su ira para que no perezcamos».

Cuando Dios examinó sus acciones, que habían abandonado sus malos caminos, entonces desistió del castigo que había dicho que les traería, y no lo llevó a cabo.

—JONÁS 3:1-10

¿Por qué se arrepiente la gente?

Jonás se arrepintió, sobrevivió en el vientre del pez, llegó a la orilla y se dirigió a Nínive a predicar. Recorrió la ciudad y empezó a predicar: «¡Dentro de cuarenta días, Nínive será destruida!».

Para su sorpresa, la gente no se burló ni le echaron mano. Más bien, toda la ciudad respondió. La palabra hebrea para «arrepentirse» (*shub*: cambio de dirección) ocurre cuatro veces en los versículos 8-10, y ese es el mensaje central y sorprendente de este texto. Contra toda expectativa, la violenta y poderosa ciudad de Nínive se vistió de cilicio, como una señal de arrepentimiento. Y lo hicieron «desde el mayor hasta el menor de ellos» (v. 5), desde el nivel más alto hasta el más bajo del espectro social. ¿Cómo pudo haber ocurrido esto?

Los historiadores han señalado que, en el momento de la misión de Jonás, Asiria había sufrido una serie de hambrunas, plagas, revueltas y eclipses, los que se consideraban presagios de cosas mucho peores por venir. Algunos han afirmado que este fue el camino que Dios usó para preparar el terreno para Jonás. «Esta situación habría hecho que tanto los gobernantes como los súbditos fueran inusualmente receptivos al mensaje de un profeta visitante».[1] Así que tenemos cierta explicación sociológica para esta reacción.

Aunque este cambio hacia Dios siempre tendría aspectos sociales, puesto que somos seres que reflejamos determinados lugares, culturas y tiempos históricos en los que vivimos, no obstante, tales factores no pueden explicar por completo o aclarar esta clase de arrepentimiento. Ellul declaró su admiración por lo que sucedió: «Nínive, con su total vocación bélica se acusa a sí misma de violencia (v. 8) [...]. Nínive, orgullosa de su poder e invencibilidad, deja de serlo cuando se humilla».[2]

En enero de 1907 se produjo un despertar religioso en una conferencia bíblica en Pyongyang, ahora la capital de Corea del Norte. Los que asistieron a la conferencia experimentaron una profunda convicción de pecado, en particular cuando un predicador los llamó a arrepentirse de su odio tradicional hacia los japoneses.[3] Sin duda, los cristianos coreanos habían aceptado las verdades fundamentales del evangelio de la gracia, y con todo, no habían penetrado lo bastante hondo para que pudieran perdonar a los japoneses. Ellos se sentían moralmente superiores a la nación que veían como opresiva y cruel. Sin embargo, a la luz del evangelio, los coreanos en esa conferencia vieron que ellos, delante de Dios, eran igualmente pecadores y estaban condenados con el resto de los seres humanos, pero rescatados por la pura y costosa gracia de Cristo. Esto mermó su orgullo y amargura.

Regresaron a sus casas con la disposición de arrepentirse de sus pecados. La gente fue de casa en casa restaurando relaciones y devolviendo artículos robados. Los servicios de adoración estuvieron llenos de un nuevo poder.[4] El resultado fue un crecimiento explosivo de la iglesia. Por ejemplo, la iglesia metodista duplicó el número de sus miembros en un solo año. Así como este, han habido muchos movimientos espirituales alrededor del mundo en la historia de la iglesia.

¿Cómo explicamos este fenómeno? Muchos han señalado que los pactos de 1904 y 1907 entre Japón y Corea impusieron el dominio japonés en el país. ¿El contexto sociopolítico hizo receptivos a muchos coreanos al mensaje cristiano que ofrecía recursos para resolver la hostilidad étnica, para arrepentirse y ofrecer perdón? Sí, pero ¿pueden estos factores explicar completamente lo que sucedió? Por supuesto que no, puesto que estas condiciones se dan constantemente en el mundo y no tienen resultados como estos.

El arrepentimiento es siempre una obra de Dios (2 Tim. 2:25).

Predicando la justicia

Sin embargo, no debemos apresurarnos a comparar el «cambio de dirección» de Nínive con los avivamientos de la historia moderna de la iglesia. Aunque señala que «la gente de Nínive creyó a Dios» (v. 5), no hay indicación de que los ninivitas entraran en una relación de pacto con el Dios de Israel. La palabra que usaron los ninivitas es «Dios», el vocablo genérico *Elohim*, y no el nombre personal del pacto, «Yahvéh», que el Señor usa con Su pueblo Israel. No se menciona que los residentes de Nínive abandonaran sus dioses y sus ídolos. Tampoco que ofrecieran sacrificios al Señor, ni que hubiera rito alguno de circuncisión. Por eso, casi todos los comentaristas coinciden en que Jonás no logró que se convirtieran los ninivitas.[5] Entonces, ¿qué sucedió realmente?

El rey de Nínive entendió que Dios parecía estar diciendo que cada ciudadano de la ciudad debía «[abandonar] sus malos caminos y la violencia que [planeaba] hacia otros» (v. 8). La violencia es «la violación arbitraria de los derechos humanos [...]. Nínive era abiertamente culpable de tal injusticia social».[6] El imperialismo asirio, la crueldad y la injusticia social fueron condenados también por otros profetas hebreos (Isa. 10:13ss; Nah. 3:1, 19).

Este llamado al arrepentimiento de la opresión y la injusticia concuerda con los mensajes de otros profetas bíblicos en el número relativamente reducido de veces que hablaron a las naciones paganas. En Amós 1:1-2:3 el profeta denunció a los vecinos de Israel por su imperialismo, crueldad y violencia, y la opresión de los débiles. El erudito de la Biblia, Christopher J. H. Wright señala que, «en el Antiguo Testamento [...] cuando un israelita se dirige a las naciones paganas, la condenación suele dirigirse a su maldad moral y social».[7] Eso fue lo que hizo también Jonás. Su mensaje a los ninivitas se centró en las prácticas sociales de la ciudad, sus «acciones» (v. 10) y el llamado fue a cambiar sus caminos (vv. 8, 10).

Como hemos visto, el imperio asirio era inusualmente violento. Masacraba y esclavizaba a un número incalculable de personas y oprimía a los pobres. Era célebre por su injusticia, imperialismo y opresión de otros países. No obstante, el texto muestra que el impulso hacia la explotación y el abuso estaba carcomiendo el tejido social de Nínive. No era solo que los asirios como una nación estuvieran oprimiendo otras naciones, sino que los individuos eran violentos hacia los demás, lo que envenenaba las relaciones sociales. «Que cada persona abandone sus malos caminos y la violencia que planea hacia otros» (v. 8). El rico esclavizaba al pobre mientras que el pobre tomaba represalias a través del crimen, y las personas de la clase media se engañaban unas a otras. Puede ser que el arrepentimiento «desde el mayor hasta el menor de ellos» (v. 5) mostrara el inicio de una reconciliación de los distintos sectores sociales.

Muchos afirman que mientras el resumen presentado del mensaje de Jonás a los ninivitas era una mera amenaza (v. 4), es razonable inferir que les dio más información sobre Dios que la que se menciona en el texto. Ese fue ciertamente el caso. Por ejemplo, ellos se volvieron a Dios con la esperanza que los escucharía. Esto hace que sea muy probable que al menos le preguntaron a Jonás si sabía si había alguna esperanza del perdón de Dios.[8]

No obstante, el texto bíblico no nos dice que Dios enviara a Jonás con el propósito de convertir al pueblo para tener una relación salvífica y de pacto con

Él. Él les advirtió sobre su conducta mala y violenta y las consecuencias inevitables si no se arrepentían y cambiaban.

Y aunque sabemos del resto de la Biblia que cambiar la conducta social no es suficiente para la salvación, y que Dios no puede dar perdón definitivo sin fe y un sacrificio expiatorio (comp. Núm. 14:18; Heb. 9:22), no obstante, la respuesta de Dios es instructiva. Aunque los ninivitas no abandonaron sus ídolos ni le ofrecieron sacrificios, Dios en su misericordia se arrepintió de su amenaza de destruir la ciudad. En ese momento, mostró gracia como respuesta a la intención de la ciudad y al esfuerzo por la reforma social.

Predicar la ira de Dios

¿Qué tipo de ministerio produjo este resultado extraordinario? Algunos comentaristas saltan a la conclusión que Jonás predicó la salvación por medio de la fe y la respuesta de la ciudad fue un gran despertar religioso.

Sin embargo, como hemos visto, no hay evidencia de conversión a la fe en el Señor. Otros concluyen que los lectores de nuestros días deberían emular a Jonás al ofrecer servicios sociales en las ciudades en vez de hacer evangelización.[9] No obstante, Jonás no fue a Nínive solo para realizar trabajo social de manera discreta. Él predicó con fuerza la amenaza del juicio divino en el nombre de Dios.

Lo que pasó realmente no concuerda con ninguna de estas categorías. Había una convergencia de diferentes clases e individuos en conflicto dentro del cuerpo político a fin de lograr la sanidad social y una sociedad más justa.[10] Pero el resultado fue el de un ministerio de predicación que proclamaba explícitamente la ira del Dios de la Biblia.

Es difícil para nosotros siquiera imaginar hoy el ministerio que ocurrió en Nínive. Por lo general, los que están más preocupados por promover la justicia social no defienden ni hablan con claridad del juicio del Dios de la Biblia sobre aquellos que no hacen Su voluntad. Por otra parte, los que de forma pública predican enérgicamente el arrepentimiento, no suelen conocerse por demandar justicia para los oprimidos.

No obstante, este texto nos anima a hacer ambas. En este caso, Dios buscaba la reforma social a través de Su profeta, un cambio en la conducta violenta y explotadora de los ninivitas. Con todo, también ordenó que se le advirtiera a la ciudad sobre un Dios de ira que castigaría el pecado. Ellul escribió:

> [Jonás]... no quedó libre para seleccionar por sí mismo lo que diría a los hombres. No fue a ellos para contarles sobre sus experiencias [...]. Ni decidió el contenido de su predicación [...]. Por lo tanto... nuestro testigo estaba sujeto fuertemente a la palabra de Dios. El mayor de los santos o los místicos no pueden decir nada de valor a menos que se base exclusivamente en la palabra de Dios.[11]

Rara vez vemos ministerios que estén igualmente comprometidos a predicar la Palabra sin temor, y la justicia y la atención a los pobres, aunque son teológicamente inseparables. En la época de Isaías, la sociedad israelita se caracterizó por la explotación codiciosa y los abusos imperialistas de poder, en vez del servicio generoso y pacífico y la cooperación. Esto llevó al rompimiento social y a la marginación psicológica. Sin embargo, cuando Isaías miró esta sociedad injusta, vio que «Por el furor del Señor de los ejércitos es quemada la tierra, y el pueblo es como combustible para el fuego; el hombre no perdona a su hermano [...] comen [...] pero no se sacian [...]. Manasés devora a Efraín, y Efraín a Manasés...» (Isa. 9:19-21).[12] Isaías no vio simplemente la injusticia social como merecedora de la ira de Dios. Más bien, la miseria y la descomposición social, el «devorarse» unos a otros económica y políticamente (con todo el vacío interno y el descontento que conlleva), todo ello es en realidad *una manifestación* de la ira de Dios.

Imagina que una casa estuviera ardiendo, pero no puedes ver las llamas. Mientras la casa se derrumba y colapsa, te preguntarías qué está sucediendo. Solo si alguien te permitiera ver el fuego tendría sentido la desintegración del edificio.

Sin entender la ira de Dios, es imposible entender totalmente por qué tantas sociedades, imperios, instituciones y vidas se derrumban. Al referirse a este pasaje en Isaías, Alec Motyer escribió que en un mundo creado por un Dios bueno, la maldad y la injusticia son «inherentemente destructivas». La desintegración social resultante «expresa la ira [de Dios]. Él dirige los procesos de causa y efecto que ha construido en la creación, de modo que son expresiones de su santo gobierno del mundo».[13] Es decir, Dios ha creado el mundo de manera que la crueldad, la codicia y la explotación tienen consecuencias naturales y desintegradoras que son una manifestación de su ira contra el mal.

Actuar en contra de la injusticia social y llamar a las personas al arrepentimiento delante de Dios se entrelazan teológicamente.

Martin Luther King no cometió el error de separar el llamado por la justicia social de la creencia en el juicio de Dios. En su «carta desde la cárcel de Birmingham» respondió a la pregunta de cómo podía defender la desobediencia civil, el rompimiento de algunas leyes, en este caso leyes de segregación racial. Él respondió que algunas leyes eran injustas.

Todos tenemos la responsabilidad, no solo legal, sino moral, de obedecer las leyes justas. Por el contrario, todos tenemos la responsabilidad moral de desobedecer las leyes injustas. Estaría de acuerdo con San Agustín cuando afirmó que «una ley injusta no es una ley en absoluto». Ahora bien, ¿cuál es la diferencia entre las dos? ¿Cómo determinar si una ley es justa o injusta? Una ley justa es una norma hecha por el hombre que concuerda con la ley moral o la ley de Dios. Una ley injusta es una norma que no está en armonía con la ley moral.[14]

En este caso, no hay separación entre trabajar en pro de la justicia en una sociedad y declarar el descontento de un Dios justo. En su gran discurso «Tengo un sueño», el Dr. King no apeló al individualismo secular y moderno. Él no dijo: «Todos deberían tener la libertad de definir su propio sentido en la vida y su verdad moral». Más bien, citó la Escritura e hizo un llamado a su sociedad para que «[corriera] el juicio [de Dios] como las aguas, y la justicia como corriente inagotable» (Amós 5:24).[15]

El misterio de la misericordia

Aunque Jonás hizo saber a los ninivitas que el perdón era posible, no fue el objetivo principal de su predicación. El resumen de sus sermones que nos da el texto no fue «¡Dentro de cuarenta días, Nínive podría ser destruida!», sino «¡Dentro de cuarenta días, Nínive será destruida!». Eso fue lo que Jonás con entusiasmo predicó y quería. *Disfrutó* predicar sobre la ira. Lo hizo con alegría, sin lágrimas, porque no podía ver la hora en que el martillo de Dios cayera sobre ellos.

Sin embargo, Dios respondió con misericordia. «Cuando Dios examinó sus acciones, que habían abandonado sus malos caminos, entonces desistió del castigo que había dicho que les traería, y no lo llevó a cabo» (v. 10).

Así las cosas, Jonás se sumió de nuevo en la desesperanza y la decepción con Dios. La respuesta de Jonás resulta sorprendente para el lector, y prepara el extraordinario capítulo final del encuentro de Jonás con el Señor.

CAPÍTULO 8

LAS TORMENTAS
DEL CORAZÓN

*Pero lo que hizo Dios fue tan terrible para Jonás, que ardió en
ira. Y oró al Señor y dijo: «¡Oh Señor!, ¿no era esto lo que yo
hablaba cuando aún estaba en mi tierra? Por eso hui con pre-
mura hacia Tarsis; porque sabía que tú eres un Dios clemente
y compasivo, muy paciente, y abundante en misericordia, y que
también desistes de tus planes para traer destrucción. Así que
ahora, oh Señor, te suplico que me quites la vida, porque para
mí la muerte es mejor que la vida». Y el Señor dijo: «¿Es bueno
para ti que ardas con tanta ira?».*

—JONÁS 4:1-4 CHANGE TO NVI

De todos los libros de la Biblia, Jonás tiene el más
inesperado e ignorado capítulo final. Muchas personas han oído la historia de Jonás, pero piensan que

termina con el arrepentimiento de Jonás y su liberación del pez. Un pequeño número de personas podrán decirte que la historia continúa y que Jonás fue y predicó con éxito en Nínive. Casi todos piensan que ese es el final de la historia. Pero hay un capítulo final y sorprendente en el que se revelan las lecciones reales de toda la narrativa.

El increíble colapso de Jonás

Asiria era la potencia más grande en el mundo conocido de ese entonces y también la más cruel. Resulta comprensible que, al principio, Jonás no quisiera ir y predicar en su capital. No obstante, cuando finalmente anunció el inminente juicio de Dios, hubo un arrepentimiento masivo. Como respuesta, Dios suspendió el castigo y no destruyó la ciudad.

Fue poco menos que sorprendente. Muchos lectores modernos responden a esta historia con escepticismo. Creemos con demasiada facilidad los relatos de violencia masiva, pero nos cuesta más creer que las diversas clases sociales y las personas de una gran ciudad se unan y se pongan de acuerdo para apartarse de la injusticia. Sin embargo, eso fue lo que sucedió. Y, demuestra que la Palabra de Dios es más poderosa de lo que podemos imaginar.

Esto nos llevaría a esperar que el libro termine en el capítulo tres con una nota de triunfo, con «y Jonás retornó a su tierra con alegría». En cambio, los eventos dan un giro inesperado. «Pero lo que hizo Dios fue tan terrible para Jonás, que ardió en ira» (v. 1). Esta reacción es sorprendente e inexplicable. ¿Se enojan los artistas cuando un museo prominente exhibe sus obras de arte? ¿Se enojan los músicos cuando reciben una ovación de pie en el Carnegie Hall? ¿Por qué, entonces, Jonás se llenaría de tanta ira cuando acababa de predicar a la audiencia más dura de su vida, y esta (hasta la última persona) respondió favorablemente?

El problema teológico

¿Cuál era específicamente el problema de Jonás?

En el versículo 2 el profeta expresó: «¡Oh Señor!, ¿no era esto lo que yo hablaba cuando aún estaba en mi tierra?». Así, a los lectores se les permite entrar en la discusión que Jonás ha tenido con Dios desde el principio. Los versículos 2 y 3 nos dan un breve ejemplo, pero no es difícil imaginar el resto. «¡Yo sabía que podrías hacer algo como esto! Estas personas son malas y solo cambiaron porque estaban asustados. No se convirtieron ni empezaron a adorarte. ¡Solo prometieron empezar a cambiar, y tuviste misericordia de ellos por eso! Es bueno que seas un Dios de misericordia, pero esta vez has ido demasiado lejos».

El nombre «Yahvéh» (que se traduce como «el Señor») no ha aparecido desde el capítulo dos, pero ahora literalmente Jonás clamó: «¡Oh, Yahvéh!». Este es el nombre personal, el nombre del pacto de Dios, que reveló solo a Su pueblo Israel, y es el pacto de Dios con Israel lo que Jonás tenía presente. El Señor había prometido preservar a Israel y alcanzar Sus propósitos en el mundo a través de este pueblo. ¿Cómo podía Dios mantener Sus promesas de defender a Su pueblo y al mismo tiempo mostrar misericordia a los enemigos de este mismo pueblo? ¿Cómo podía afirmar ser un Dios de justicia y permitir que tanta maldad y violencia quedaran impunes?

En la mente de Jonás, entonces, el problema era teológico. Parecía haber una contradicción entre la justicia de Dios y el amor de Dios. «Él sabía que Dios amaba a Israel y había extendido Su misericordia a Su pueblo escogido; él sentía, hasta lo más profundo de su ser, que este amor de Dios […] no debía extenderse a los gentiles, especialmente a aquellos gentiles malvados como los habitantes de Nínive».[1]

El meollo del problema

Sin embargo, la gran ira de Jonás muestra que no estaba simplemente perplejo ante un enigma teológico. Cuando afirmó que quería morirse (v. 3) y Dios, con extraordinaria ternura, le reprochó su desmesurada ira (v. 4), vemos que el problema real de Jonás estaba en lo más profundo de su corazón. Quizás podríamos decir que todos los problemas teológicos se manifiestan no solo en nuestros intelectos, sino en nuestros compromisos, deseos e identidades.

Cuando el profeta declaró: «Sin eso, no tengo deseos de seguir», lo que en realidad quiso decir es que había perdido lo que había sustituido a Dios como la mayor alegría, la razón y el amor de su vida. Él tenía una relación con Dios, pero había algo que valoraba más. Su ira explosiva muestra que estaba dispuesto a despreciar su relación con Dios si no conseguía lo que quería. Cuando declaras: «No te serviré, Dios, si no me das X», entonces X es lo verdaderamente importante, tu mayor amor, tu verdadero dios, en lo que confías y te apoyas más. En este caso, Jonás le estaba diciendo a Dios, quien debía ser el único motivo real de su trascendencia en la vida: «¡no tengo motivo para vivir!».

¿Qué provocó a Jonás? El arrepentimiento de Nínive complacía a Dios, pero era una amenaza para los intereses nacionales de Israel. La voluntad de Dios y la suerte política de Israel parecían discrepar. Él debía elegir, y para Jonás fue evidente cuál de estas dos preocupaciones era la más importante. Sin duda, a todo el que le importara su propio país habría estado preocupado sobre la permanencia de Asiria. Este era un estado terrorista. Sin embargo, Jonás no le presentó a Dios su preocupación, confiando en Él como lo habían hecho varios de los escritores de los salmos. Si tenía que escoger entre la seguridad de Israel y la lealtad hacia Dios, sin duda, estaba listo para marginar a Dios. Así que no era solo interés y amor hacia su país; era una clase de deificación de este.

Hace algunos años, estaba predicando sobre este texto en Jonás, y después del sermón, uno de los presentes expresó su descontento. Él no creía que debería haber criticado a Jonás. «Jonás fue solo un buen patriota», me dijo. «Todos deberíamos ser patriotas». Le respondí que, aunque el amor a la patria y su gente era algo bueno, al igual que cualquier otro amor, podía llegar a ser desmesurado. Si el amor por los intereses de tu país te lleva a explotar a las personas o, en este caso, a favorecer que se pierdan espiritualmente todo un grupo de personas, entonces amas a tu nación más que a Dios. Eso es idolatría, por donde se mire.

Como un misionero, Jonás debería haber estado contento que los ninivitas habían dado un primer paso. Llegar a creer plenamente en Dios no suele suceder de un día para otro, como sucedió con los marineros en el barco con Jonás. La gente de la ciudad mostró su disposición a arrepentirse, y Jonás debería haberse preparado para ayudarlos a continuar en su recorrido al enseñarles sobre el carácter de este nuevo Dios, el Señor, y lo que implicaba estar en una relación de pacto con Él. Antes bien, estaba furioso porque habían empezado a acercarse a Dios. Y, en vez de regresar a la ciudad para enseñar y predicar, se quedó afuera, con la esperanza que quizás Dios todavía la juzgaría (Jon. 4:5).

Cuando los creyentes cristianos se interesan más por sus propios intereses y seguridad que por el bien y la salvación de otras razas y etnias, están pecando al igual que lo hizo Jonás. Si valoran el auge económico y militar de su país por sobre el bien de la raza humana y el avance de la obra de Dios en el mundo, están pecando al igual que lo hizo Jonás. Su identidad se basa en su raza y nacionalidad, y no en que son pecadores que han sido salvos por la gracia de Dios y son hijos Suyos. El legítimo amor de Jonás por su patria y su gente se había vuelto excesivo, tan grande que competía con Dios. El legítimo orgullo racial puede convertirse en racismo. El legítimo orgullo nacional puede convertirse en imperialismo.

El uso indebido de la Biblia

Cuando Jonás empezó a reprender a Dios, le citó Sus mismas palabras que se encuentran en Éxodo 34:6-7, donde se le reveló a Moisés y le declaró que era «clemente y compasivo» y que «perdona la iniquidad». «Jonás puso a Dios en contra de Dios [...] todo para justificarse».[2] Él leyó la Biblia selectivamente, e ignoró la última parte de Éxodo 34:7 que declara que Dios no deja «sin castigo al culpable». Creó una imagen simplista de un Dios que solo ama a todos y que no juzga la maldad. Usó el texto sagrado para justificar su indignación, ira y amargura desmesuradas.

Lo que Jonás hizo es un gran peligro para la gente religiosa, aun los cristianos más devotos. Es posible usar la Biblia selectivamente para justificarse.[3] Un ejemplo es el erudito que «examina la Escritura para ponerla en contra de la misma Escritura» de manera que socava la autoridad de la Biblia para que no tengamos que obedecerla. Otro es «el simple cristiano que abre su Biblia para justificarse [...] respecto a otros cristianos o no cristianos que no sostienen los mismos puntos de vista, argumentos que muestren cuán superior es su posición respecto a la de otros».[4] Siempre que leemos la Biblia para decir: «¡ajá! tengo razón»; siempre que la leemos para sentirnos justos y sabios ante nosotros mismos, la estamos usando para hacernos necios o algo peor, porque la Biblia declara que la característica del necio malo es que «se cree muy sabio» (comp. Prov. 26:12).

En otras palabras, si nos sentimos más justos cuando leemos la Biblia, no solo estamos haciendo un uso indebido de ella, sino que estamos ignorando su mensaje central. Estamos leyendo y usando correctamente la Biblia cuando nos hace humildes, nos examina y nos alienta con el amor y la gracia de Dios pese a nuestras debilidades.

> *Porque lo que [la Biblia] nos enseña sobre nosotros mismos es para indicarnos que no somos justos, que no tenemos forma de justificarnos a nosotros mismos, que no tenemos [...] derecho a condenar a otros ni tenemos razón para estar en su contra, y que [...] solo un acto de clemencia y compasión por parte de Dios [...] puede salvarnos. Eso es lo que nos enseña la Escritura, y si nos adherimos a esto, leer la Biblia es útil y saludable y produce fruto en nosotros.*[5]

Ellul concluyó, que si usamos la Biblia para inflar nuestros egos con nuestra rectitud y justicia, y denunciar a otros, entonces estudiar la Escritura «se convierte en una causa de muerte y obra de Satanás».[6] El otro ejemplo que tenemos de alguien que citó y tergiversó la Biblia para resistir a Dios fue cuando Satanás tentó a Jesús en el desierto (Mat. 4:1-11). Sin duda, el uso que Jonás hizo de la Biblia no le trajo alegría, sino que lo llevó al borde de la desesperación. Al punto que le pidió a Dios que le quitara la vida.

El problema de la superioridad moral

En retrospectiva, hubo un indicio del futuro colapso de Jonás dentro de la oración que pronunció cuando estaba dentro del gran pez.

Para empezar, Jonás había huido porque pensó que Dios iba a ser misericordioso con los enemigos de Israel y, por lo tanto, desde su punto de vista, injusto. Luego, en el capítulo dos, fue confrontado con la realidad de que tenía necesidad de misericordia y no esperaba, aunque Dios fuera completamente justo con él, que le diera solo lo que merecía. Por ello, en el vientre del pez Jonás comprendió mejor su necesidad de la gracia.

Sin embargo, al final de su oración expresó que los que se aferraban a los ídolos abandonaban el amor de Dios (Jon. 2:8). Jonás había visto algo de su necesidad de la gracia, pero aún había orgullo. Los paganos tenían ídolos, pero ¡no él! Sí, sin duda, él necesitaba de la misericordia, pero ciertamente no estaba al mismo nivel que estas personas. Ciertamente él todavía tenía algún mérito espiritual, todavía tenía *algunos* derechos frente a Dios. El psicólogo social Jonathan Haidt concluyó de su estudio que «la superioridad moral es la condición normal del hombre».[7] Esto encaja con lo que la Biblia afirma sobre el deseo inevitable del hombre de justificarse a través del comportamiento y del esfuerzo, y por ello «se jacta» de su superioridad moral, racial, de linaje o logros (comp. Jer. 9:23-26; Rom. 3:27-31).

La superioridad moral de Jonás había sido menoscabada, pero no había sido destruida. El profeta clamó: «¡La salvación solo viene del SEÑOR!» pero, en realidad, también afirmó: «Pero, no soy como estos horribles paganos» (Jon. 2:8-9). Por eso seguía siendo susceptible al colapso espiritual que experimentó después de que Dios mostró misericordia a los ninivitas. Seguía sintiendo, en alguna medida, que la misericordia tenía que merecerse, y ellos no la merecían.

Aprendemos de Jonás que entender la gracia de Dios, y ser transformado por ella, siempre requiere de un largo recorrido con etapas sucesivas. No puede suceder en una única experiencia catastrófica o catártica (como ser tragado por un pez!).

Durante la construcción de la autopista 79, desde Pittsburg (estado de Pennsylvania, Estados Unidos) hasta el Lago Erie (parte de los Grandes Lagos), un tramo permaneció sin terminar por años debido a un pantano que había que cruzar. No dejaban de poner pilotes, tratando de llegar finalmente al fondo de manera que el puente no se hundiera. Pero siempre que creían que ya habían llegado al lecho rocoso, los pilotes cedían y tenían que perforar más profundo.

El corazón de Jonás era así. Cada vez que parecía que había comprendido mejor a Dios y Su gracia, resultaba que necesitaba ir más profundo. ¿Qué significa llegar al «lecho rocoso» del corazón? Si dices: «Te obedeceré Señor, si me das eso», entonces «eso» es lo que no es negociable y Dios es solo un medio para un fin. «Eso», sea lo que sea, es el verdadero lecho rocoso. Es más esencial para tu felicidad que Dios.

Mientras haya algo más importante que Dios en tu corazón, serás, al igual que Jonás, tanto frágil como

farisaico. Sea lo que sea, generará orgullo y una incli-
nación a menospreciar a los que no lo tienen. También
generará temor e inseguridad. Es el fundamento de tu
felicidad, y si algo la amenaza, te abrumará la ira, la
ansiedad y la desesperación.

Llegar al lecho rocoso del corazón con la gracia de
Dios, es reconocer todas las formas en que hacemos
ídolos de las cosas buenas y encontramos formas de
salvarnos a nosotros mismos. Es finalmente reconocer
que vivimos completamente por la gracia de Dios. Es
entonces que empezamos a servir al Señor no para
conseguir cosas de Él sino solo por Él, por amor a
Él, solo por quien es Él, por el gozo de conocerlo,
de deleitarnos en Él, y llegar a ser como Él. Cuando
hemos llegado al lecho rocoso con la gracia de Dios,
comenzamos a vaciarnos de toda superioridad moral
y de temor.

Dios reprendió a Jonás con una pregunta: «¿Es
bueno para ti que ardas con tanta ira?» (Jon. 4:4). La
ira no es mala. Si amas algo y es amenazado o perju-
dicado, la ira es la respuesta apropiada. Pero «tal» ira,
excesiva ira de superioridad moral y de temor, era una

señal de que lo que Jonás amaba era un falso dios. El profeta estaba excesivamente comprometido con su raza y con su nación. Dios tendría que tratar con esta idolatría si Jonás alguna vez obtendría la paz infinita de descansar solamente en la gracia de Dios.

CAPÍTULO 9

ৎৡৼ৵

EL CARÁCTER
DE LA COMPASIÓN

Y el Señor dijo: «¿Es bueno para ti que ardas con tanta ira?».
Entonces Jonás salió de la ciudad y se sentó justo al este de esta
y se hizo un techo allí. Se sentó bajo su sombra, esperando a
ver lo que sucedería a la ciudad. Para librarlo de su desánimo,
el Señor preparó una planta que creció rápidamente sobre él
para que fuera una sombra sobre su cabeza. Y Jonás estaba
encantado y contento por la planta. Pero al amanecer el día
siguiente, Dios preparó un gusano que atacó la planta, por lo
que se secó. Y cuando el sol se levantó más alto, Dios preparó
un cortante viento solano, y el sol golpeó a Jonás en la cabeza
por lo que estaba débil y mareado. Y quería morir, pensando:
«Es mejor para mi morir que vivir». Pero Dios dijo a Jonás:
«¿Es bueno para ti estar tan enojado y desanimado por la
planta?». Y él dijo: «Sí, es bueno. Estoy lo suficientemente
enojado y desanimado como para morirme». Y el Señor dijo:
«Tenías compasión por la planta, que no plantaste, ni hiciste
crecer y que llegó a existir y murió en una noche. Y ¿no debería
tener compasión por Nínive, esa gran ciudad, en que hay más

de 120 000 personas que no distinguen su derecha de su izquierda, y tanto ganado?».

—JONÁS 4:4-11

El Dios que es paciente

Al parecer Jonás tuvo una experiencia de conversión dentro del pez. Comprendió la gracia de Dios y obedeció el mandato de predicar sin miedo la Palabra de Dios. Predijo que la ira de Dios estaba a punto de caer, pero luego nada pasó. Se sintió como un tonto. Los ninivitas merecían recibir el juicio de Dios. Entonces ¿por qué extenderles misericordia? La ira de Dios había venido antes sobre Jonás en una mortal tormenta, y había sobrevivido solo debido a la misericordia de Dios. Él también había merecido el juicio, en cambio recibió misericordia, y se alegró por ello. Ahora que todo había quedado en el olvido, no quería perdonar a otros (Mat. 18:21-35).

A pesar de todo, Dios fue paciente con Jonás. El profeta volvió a sentirse enojado con Dios como al

principio. Sin embargo, esta vez Dios no envió una tormenta imponente, sino empezó a aconsejarlo con ternura. Le planteó la clase de pregunta que podría hacer un terapista: «¿Es bueno para ti que ardas con tanta ira?».

Esta es tanto una lección sobre la humildad, así como una fuerte consolación. A menudo damos a las personas la impresión que «después de la conversión todo es color de rosa, ya no hay problemas, y uno está automáticamente en armonía con la voluntad de Dios [...]. No es difícil sino dulce hacer lo que Dios demanda». Por el contrario, «Pablo habló sobre las dos naturalezas que luchaban en él [la "vieja naturaleza" y la "nueva naturaleza"], lo que Jonás puso también de manifiesto [...]. Nosotros seguimos siendo pecadores» (comp. Gál. 5:17; Ef. 4:22-24). Sin duda, no podemos usar esto para justificar la mala conducta, pero podemos encontrar consuelo al ver que «Dios conoce la totalidad del [corazón humano], y que no agota Su amor y Su paciencia, sino que continúa tomando de la mano a este hijo rebelde».[1]

El Dios que llora

Dios se acercó a Jonás una vez más y empezó a razonar con él. ¿Cuál fue Su estrategia con Su profeta deprimido y espiritualmente ciego?

Jonás todavía se creía moralmente superior. Su respuesta a la misericordia de Dios representa anticipadamente la del hermano mayor en la parábola de Jesús en Lucas 15. Cuando vio que Dios tuvo misericordia de los pecadores, se sintió ofendido. Hay un intercambio acalorado con Dios en Jonás 4:1-5. Después de eso, Jonás decidió permanecer cerca de la ciudad y se hizo un refugio temporal. Aun cuando Dios declaró la suspensión de la sentencia, Jonás aún quería ver «lo que sucedería a la ciudad», es decir, que todavía tenía la esperanza de que Dios no perdonaría a Nínive por mucho tiempo.[2]

Para hacer la estadía de Jonás más cómoda, Dios dispuso que una calabacera, una planta de sombra, creciera sobre Jonás. Los comentaristas la han identificado como la planta de ricino o aceite de ricino, que crece con rapidez y ofrece sombra bajo sus anchas hojas.[3] Se nos explica que Jonás estaba «encantado y contento», palabras excepcionalmente fuertes. Cuando hay gran desánimo y dolor, en ocasiones los más pequeños consuelos pueden ser en particular sustentadores. El tener lástima de sí mismo puede haber contribuido con su alegría por la planta. «Bueno, por fin», puede haberse dicho, «algo me está saliendo bien».

Por eso, Jonás resultó aún más sorprendido y furioso cuando Dios envió un gusano para que atacara y marchitara la planta, así como el inicio de una temporada de un clima brutalmente caliente y ventoso. «¡Increíble!», nos podemos imaginar que decía. «¡Para colmo, ¿esto?! ¿Por qué nunca puedo darme un respiro con Dios?». El enojo de Jonás se renovó junto con su desesperación. «Estoy lo suficientemente enojado y desanimado como para morirme», dijo (Jon. 4:9). Todo ello había sido preparado por Dios para la próxima arremetida a la superioridad moral de Jonás. Este último discurso divino para el profeta fue breve, pero punzante y lógico.

Los filósofos de la antigüedad hablaban del «amor de benevolencia». Esto se refería a hacer obras buenas y útiles para las personas, aunque ellas no fueran del agrado de uno. Era un ejercicio de la voluntad. Se refería a realizar acciones de amor, aunque el corazón no se sintiera llevado por el afecto. Por otro lado, estaba el «amor de apego», en el que se amaba a alguien porque el corazón estaba estrechamente ligado por la atracción y el deseo amoroso. Los filósofos estoicos griegos insistían en que Dios se caracterizaba por la *apatheia*. Con toda certeza, podía amar cosas, pero no podía tener un amor de apego por simples seres humanos.[4] Por eso el lenguaje que Dios usa en este texto es tan sorprendente.

La palabra que se usa en los versículos 10 y 11 para «compasión» es una palabra que significa afligirse por alguien o por algo, tener el corazón quebrantado, llorar por esto.[5] Dios declaró: «Tenías compasión por la planta» (v. 10). Es decir, Dios declaró: «Lloraste por la planta, Jonás. Tu corazón se encariñó con ella. Cuando murió te afligiste». Dios, en esencia, le dijo: «Tú lloraste por la planta, pero mi compasión es por la gente».

Es radical que Dios se aplicara a Sí mismo esta palabra. Este es el lenguaje de apego. Dios lloró por la maldad y lo corrompido de Nínive. Cuando pones tu amor en alguien, tú puedes ser feliz solo si esa persona es feliz, y su angustia se convierte en tu angustia. El amor de apego te hace vulnerable al sufrimiento, pero eso es lo que Dios expresó sobre Sí mismo, en este texto y en otros lugares de la Escritura (comp. Isa. 63:9). En Génesis 6:6 leemos que cuando Dios miró la maldad de la tierra, «le dolió en el corazón».[6] Aunque este lenguaje no puede implicar que el Dios eterno e inmutable pierda algo de Su omnipotencia ni de Su soberanía, es una fuerte declaración con la que debemos maravillarnos.[7]

La mayoría de nuestros más profundos apegos como seres humanos son involuntarios. Jonás no miró a la planta de ricino y dijo: «Voy a entregarte mi corazón con mucho afecto». Necesitamos cosas, y nos apegamos emocionalmente a esas cosas que satisfacen esas necesidades. Sin embargo, Dios no necesita nada. Él es absoluta y perfectamente feliz en Sí mismo, y no nos necesita. Entonces ¿cómo podría Dios estar apegado a nosotros?

La única respuesta es que un ser divino que es infinito, omnipotente y que existe en Sí mismo, ama solo voluntariamente. Todo el universo no es más grande para Dios que lo que es una pelusa para nosotros, y nosotros somos pedazos más pequeños en la pelusa. ¿Cómo podría Dios apegarse a nosotros? ¿Cómo podría Dios decir: «Lo que le suceda a Nínive me afecta. Me conmueve. Me aflige»? Esto significa que Él voluntariamente entrega Su corazón. En otro texto vemos que Dios miró a Israel, hundiéndose en el mal y el pecado, y Dios literalmente expresó que Su corazón se agitaba dentro de Él. «¿Cómo podré abandonarte, Efraín? ¿Cómo podré entregarte, Israel? [...]. Mi corazón se conmueve dentro de mí, se enciende toda mi compasión» (Os. 11:8, LBLA).

El Dios que es generoso

La compasión de Dios no es algo abstracto, sino concreto. Se manifiesta no solo en Su actitud, sino en Sus acciones hacia los seres humanos. No deja de resultar intrigante que se refiera a estos paganos pecadores y violentos como «personas que no distinguen su derecha de su izquierda» (Jon. 4:11). ¡Esta es una forma sumamente generosa de mirar a Nínive! Es una figura de lenguaje que significa que están espiritualmente ciegos, que se han extraviado y que no tienen la menor idea sobre el origen de sus problemas o qué hacer con ellos. Sin duda, la amenaza de Dios de destruir a Nínive mostró que esta ceguera e ignorancia no era, en última instancia, excusa alguna para la maldad que habían hecho, pero mostró una extraordinaria compasión y comprensión.

Hay muchas personas que no tienen ni idea para qué deberían estar viviendo, ni el propósito de sus vidas, ni tienen alguna guía para distinguir entre el bien y el mal. Dios mira a las personas en esa clase de niebla espiritual, esa necedad espiritual, y no dice: «Tontos». Cuando miramos a las personas que nos han causado problemas debido a su propia necedad, decimos cosas como: «Lo tienen bien merecido». O, nos burlamos de ellas en las redes sociales: «¿Qué clase de idiota dice algo como esto?». Cuando vemos que las personas de otro partido político son derrotadas, simplemente nos regocijamos. Todo esto es una forma de desapegarnos de ellas. Nos distanciamos en parte por orgullo y en parte porque no queremos que su desdicha sea nuestra. Dios no hace eso. La compasión real, la entrega voluntaria de nuestros corazones a otros, significa que la tristeza de su condición nos entristece; nos afecta. Eso es profundamente incómodo e inquietante, pero es el carácter de la compasión.

El evidente espíritu generoso de Dios hacia la ciudad no podría haber sido una mayor condena a la mezquina intolerancia de Jonás, a lo que Juan Calvino llamó su mayor pecado, es decir, que estaba siendo «totalmente inhumano» en su actitud hacia Nínive.[8]

«[Ellos] no saben lo que hacen»

Si estás familiarizado con el Nuevo Testamento, es imposible leer sobre este Dios generoso sin recordar a Jesús. Dios le estaba diciendo a Jonás: «Estoy llorando y estoy afligido por esta ciudad, ¿por qué no lo estás tú? Si eres mi profeta, ¿por qué no tienes compasión?». Jonás no lloró por la ciudad, pero Jesús, el verdadero profeta, sí lo hizo.

Jesús viajó hasta Jerusalén en la última semana de Su vida. Sabía que sufriría a manos de los líderes y la turba de esta ciudad, pero en vez de llenarse de ira o sentir lástima de Sí mismo, como Jonás, cuando «vio la ciudad, lloró por ella. Dijo: ¡Cómo quisiera que hoy supieras lo que es lo que te puede traer paz! Pero eso ahora está oculto a tus ojos [...] porque no reconociste el tiempo en que Dios vino a salvarte» (Luc. 19:41-42, 44). «¡Jerusalén, Jerusalén [...]. ¡Cuántas veces quise reunir a tus hijos, como reúne la gallina a sus pollitos debajo de sus alas, pero no quisiste!» (Luc. 13:34).

Cuando Jesús estaba colgado en el madero clamó: «Padre [...] perdónalos, porque no saben lo que hacen...» (Luc. 23:34). Lo que Jesús estaba diciendo era: «Padre, ellos me están torturando y matando. Me han negado y me han traicionado. Pero ninguno, ni aun los fariseos, en verdad entienden completamente lo que están haciendo». Solo podemos mirar con asombro un corazón así. No declaró que no fueran culpables de una conducta indebida. Ciertamente lo eran, y por eso necesitaban el perdón. Con todo, Jesús también recordó que estaban confundidos, un tanto desorientados, y que en verdad no podían reconocer el horror de lo que estaban haciendo. Vemos, entonces, un corazón perfecto: perfecto en amor y abundante en generosidad; que no exime ni condena con dureza. Jesús es el Dios que llora en Jonás 4 de forma humana.

Hace más de un siglo, el gran teólogo de Princeton, B. B. Warfield, escribió un extraordinario ensayo académico titulado «La vida emocional de nuestro Señor», en el que consideraba cada ejemplo registrado en los Evangelios que describiera las emociones de Cristo. Warfield concluyó que, sin duda, la declaración más característica de la vida emocional de Cristo fue la frase: «movido a compasión» (LBLA), una frase griega que literalmente significa que fue movido desde lo más profundo de Su ser.[9] La Biblia registra que Jesús lloró 20 veces por cada vez que se señala que se rio. Él fue un varón de dolores, y no porque fuera una persona depresiva por naturaleza. No, Él estaba lleno de alegría en el Espíritu Santo y en el Padre (comp. Luc. 10:21), pero se afligió mucho más de lo que se rio porque Su compasión lo conecta con nosotros. Nuestra tristeza lo entristece; nuestro dolor le duele.

Jesús es el profeta que debería haber sido Jonás. No obstante, sin duda, Él es infinitamente más que eso. Jesús no solo lloró por nosotros; Él murió por nosotros. Jonás salió de la ciudad, con la esperanza de presenciar su condenación, pero Jesucristo salió de la ciudad a morir en una cruz para lograr su salvación.

En este caso, Dios expresó que estaba afligido por Nínive, lo que significó que dejó que el mal de la ciudad pesara sobre Él. En algún misterioso sentido, Él estaba sufriendo debido al pecado de la ciudad. Cuando Dios vino al mundo en Jesucristo y fue a la cruz, no solo experimentó dolor emocional, sino toda clase de dolor en dimensiones inimaginables. El dolor físico agonizante de la cruz incluía la tortura, la asfixia lenta y la muerte atroz. Incluso más allá, cuando Jesús estaba colgado en la cruz, se sometió al infinito e indescifrable dolor de todos: la separación de Dios y todo el amor, la alienación eterna y la paga del pecado. Lo hizo todo por nosotros, por su extraordinaria compasión.

«Dios es un personaje complejo»

Esto nos trae de regreso al problema teológico de Jonás.

¿Cómo podía Dios desistir de juzgar a los malvados? ¿Cómo podía perdonar y no castigar el pecado? A muchas personas en el occidente no las perturba la misericordia de Dios porque no aceptan la idea de un Dios que juzga. Ellas quieren un «Dios de amor», pero un Dios que no se enoja cuando la maldad destruye la creación que Él ama es, en última instancia, un Dios que no ama. Si amas a alguien, debes enojarte y te enojarás si algo amenaza destruirlo (la). Como algunos lo han señalado, tienes que haber tenido una vida bastante cómoda, sin experimentar ninguna opresión ni injusticia, para no querer un Dios que castigue el pecado. Un escritor, que había visto genocidio en su tierra, escribió que «se necesitaba la tranquilidad de una casa en un área residencial en las afueras de una ciudad para el nacimiento de la tesis» de que deberíamos desear un «Dios que se niega a juzgar». Añadiría que «en una tierra calcinada por el sol, anegada con la sangre de los inocentes», una idea así «moriría inevitablemente».[10]

Por eso, Dios, si es Dios, debe castigar el mal. Entonces ¿cómo puede ser también misericordioso? ¿Cómo puede un Dios santo y justo perdonar a aquellos que merecen la retribución divina? ¿Cómo puede Dios ser perfectamente santo, pero amar completamente al mismo tiempo?

Muchos comparten la dificultad de Jonás. Hace algunos años estaba en un estudio sobre el libro de Jonás con una mujer que tenía muy escasa formación religiosa. Cuando terminamos, la mujer, que era una crítica de arte y especializada en la lectura de obras literarias, se cruzó de brazos y simplemente se maravilló. Ella expresó que siempre había pensado que la Biblia se caracterizaba básicamente por el melodrama. Las historias melodramáticas tienen personajes unidimensionales cuyo rasgo determinante es ser todo bueno o todo malo. Ella continuó y dijo: «Y pensé que el Dios de la Biblia era solo un personaje de melodrama, que aniquilaba a los paganos y bendecía a los creyentes. Pero el Dios de este libro no es así en absoluto. Él es un personaje extremadamente *complejo*. En ocasiones bendice a los creyentes y juzga a los paganos, pero en otras ocasiones bendice a los paganos y castiga a los creyentes. Él no es solo un ser de ira o de amor, Él es ambos y en maneras impredecibles». ¿Cómo puede ser ambos a la vez?[11]

En Éxodo 33:18 Moisés pidió ver la gloria de Dios. Dios le respondió que ver Su gloria sería fatal, pero ofreció protegerlo en la hendidura de una roca, al dejar pasar toda su «bondad» delante de Moisés, aunque él solo vería «la espalda» (Ex. 33:23). Luego, cuando Dios se mostró a Moisés en 34:6-7, y toda la bondad de Dios pasó delante de él, Moisés escuchó a Dios poner Su bondad en forma verbal: «El Señor, el Señor, Dios clemente y compasivo [...] y que «perdona la iniquidad, la rebelión y el pecado», y luego añadió: «pero no deja sin castigo al culpable». ¿Recuerdas la acusación de Jonás usando las propias palabras de Dios de Éxodo 34? Esta segunda afirmación es la parte de la declaración de Dios a Moisés que Jonás indebidamente excluyó. Dios dijo a Moisés que era compasivo y estaba empeñado en castigar el mal. Ambos son aspectos de Su bondad. Afirmó: «Aquí está toda mi bondad. Soy infinitamente amoroso y quiero perdonar a todos, y soy infinitamente justo y no puedo dejar sin castigo el pecado».

Parece una desconcertante contradicción, pero al reflexionar puede verse que la sola palabra «bondad» une estos rasgos aparentemente contradictorios. ¿Por qué es que Dios debe castigar el pecado? Porque no sería perfectamente bueno si pasara por alto la maldad. Pero, entonces ¿por qué Dios no quiere que la gente se pierda? Porque Él es demasiado bueno, en el sentido de sentir y mostrar amor. Él no sería perfectamente bueno si solo dejara que todos perecieran. Así que, Su justicia y Su amor, lejos de estar en conflicto, son simplemente funciones de Su bondad. Él no podría ser infinita y perfectamente bueno a no ser que amara infinitamente y fuera perfectamente justo.

No obstante, todavía experimentamos una contradicción. No vemos cómo puede castigar el pecado y aceptar y perdonar a los pecadores. Razonamos: O Dios es absolutamente justo, y entonces solo amará a las personas que obedecen Sus mandamientos, o es absolutamente amoroso (que siente y muestra amor), y pasará por alto mucho pecado que en verdad debería ser castigado. Pensamos que Dios no podría ser *todo* bueno si es absolutamente justo y absolutamente amoroso a la vez. Si hubiéramos vivido en el mismo momento de la historia de la redención que Moisés y Jonás, no habríamos, al igual que ellos, visto una solución real, un camino adelante. Moisés solo vio la «espalda» de Su bondad. Siguió siendo un misterio para él, como lo fue para Jonás.

Sin embargo, nosotros no estamos donde ellos estuvieron.

En Juan 1, el escritor del evangelio tuvo la audacia de afirmar: «Y el Verbo [Jesucristo] se hizo carne y *habitó* [puso Su tienda] entre nosotros» (Juan 1:14).[12]

Al usar este término deliberadamente se alude a la historia de Moisés, porque la gloria de Dios habitaba en el tabernáculo. Asimismo, Pablo afirmó que vemos «su luz en nuestro corazón para que [conozcamos] la gloria de Dios que resplandece en el rostro de Cristo» y que es «la luz del glorioso evangelio de Cristo, el cual es la imagen de Dios» (2 Cor. 4:6, 4).

Por medio de Jesucristo, y solo por medio de Él, podemos ver *toda* la bondad de Dios que no se le permitió ver a Moisés y que no pudo discernir Jonás. Si Jesucristo murió en la cruz por nuestros pecados, así es como Dios puede ser infinitamente justo, porque todo pecado fue castigado en la cruz, y así es como puede ser infinitamente amoroso, porque lo llevó sobre Sí mismo.

Si no crees en el evangelio de Jesucristo, podrías creer en un Dios que solo acepta a todos sin importar cómo viven o se comportan. Eso podría ser un tanto consolador, pero ¿es electrizante y glorioso? O podrías tener un Dios que es solo justo, y la única manera de ir al cielo es si vivieras una vida excepcionalmente buena,

Eso podría ser estimulante, pero ¿es eso hermoso? ¿Te conmueve y cambia tu corazón?

Únicamente cuando miras el evangelio de Jesucristo, *toda la bondad* de Dios pasa delante de ti, y ya no más la *espalda*. Ahora sabes cómo lo hizo. Y esta es la gloria de Dios en el rostro de Cristo por medio del evangelio.[13]

La bondad y la severidad de Dios

En la cruz, la justicia de Dios exigió todo el castigo por el pecado y al mismo tiempo ofreció salvación gratuita para todos los que crean. En la cruz, tanto la justicia como el amor de Dios cooperaron plenamente, lograron su cometido y brillaron intensamente. «Dios lo ofreció como un sacrificio de expiación, que se recibe por la fe en su sangre [...]. De este modo Dios es justo y, a la vez, el que justifica a los que tienen fe en Jesús» (Rom. 3:25-26). Como Martín Lutero lo expresó, cuando un cristiano cree, es *simul justus at peccator*, al mismo tiempo justo y pecador delante de Dios.

Aunque Jonás nunca recibió una respuesta a su pregunta sobre cómo Dios podía ser al mismo tiempo misericordioso y justo, la historia de Jonás muestra tanto la bondad como la severidad de Dios a todo color. Por una parte, Jonás recibió gracia sobre gracia. Quizás ningún otro profeta del Antiguo Testamento se ve tan mal como Jonás. Jeremías y Habacuc a menudo lucharon con los mensajes que Dios les dio para que los transmitieran al pueblo. Sin embargo, Jonás literalmente huyó del Señor antes que declarar Su palabra.

Elías se sintió lo suficientemente desesperado para querer morirse (1 Rey. 19:4), pero ello se debió a que el pueblo no había creído en su predicación. Jonás también quiso morirse (Jon. 4:3), pero ello se debió a que el pueblo le creyó. En cada punto de la historia, Jonás cayó aún más bajo en la prueba no solo respecto a otros profetas antes que él, sino también respecto a los supuestos profetas paganos e ignorantes a su alrededor. Con todo, Dios siguió salvándolo, siguió siendo paciente con él, siguió trabajando con él.

Ahora bien, Dios no se limitó a tolerar a Jonás y luego lo dejó solo. No, no le permitió permanecer tranquilo en su necedad, actitudes indebidas y patrones de conducta. Dios envió una tormenta, un pez y una planta. Comisionó a Jonás una y otra vez, y al final lo aconsejó y discutió con él directamente. Vemos aquí la justicia y el amor de Dios en colaboración. Él es a la vez muy santo y muy amoroso para destruir a Jonás o para permitir que siguiera siendo como era, y Dios es a la vez muy santo y muy amoroso para permitir que nosotros sigamos siendo como somos.

Entonces, el Libro de Jonás, sin duda, nos muestra que Dios con frecuencia es un personaje complejo y desconcertante. Esto no implica negar la doctrina cristiana histórica de la «simplicidad» de Dios, es decir, que Dios no es una composición de «partes», sino que todos los atributos de Dios son, en última instancia, uno con los demás. Dios no tiene una parte de «amor» y una parte de «justicia» que deben conciliarse. Lo que vemos como un ser en tensión es, en última instancia, una unidad perfecta.

Sin embargo, esa unidad solo puede verse a la luz de la obra de Jesucristo. Sentirse desconcertado o enojado con Dios es bastante lógico. Pero si permanecemos en esa condición, como sucedió con Jonás, será porque no hemos aceptado el evangelio de la salvación por medio de la fe únicamente en Cristo, el evangelio del cual Jonás fue una señal.

El suspenso

Una de las características más notables del Libro de Jonás es su sorprendente final en un momento de máximo «suspenso». Toda la historia es una en la que Dios había perseguido a Jonás, primero con una aterradora tormenta, luego con preguntas amables y tratando de persuadirlo. Y aunque los métodos variaron, el propósito siguió siendo el mismo. Dios quería que Jonás viera por sí mismo, que reconociera las maneras en que había negado la gracia de Dios y se había aferrado a su superioridad moral. Y, por eso, le presentó una pregunta final: No quieres que tenga compasión de Nínive, pero ¿no debería? Teniendo en cuenta todo lo que te he mostrado, Jonás, ¿no debería amar esta ciudad, y no deberías acompañarme en esto?

Sin una respuesta, ¡el libro termina! Nunca se nos dice cuál fue la respuesta de Jonás, si comprendió y aceptó la lógica de la misericordia de Dios.

Sentimos que falta una página. ¿Por qué la historia termina de forma tan abrupta? Un comentarista, como muchos otros, sugiere: «[El libro] nos obliga a contemplar nuestro destino personal. Queda inconcluso para que nosotros podamos ofrecer nuestra propia conclusión [...]. Porque tú eres Jonás; yo soy Jonás».[14] Es como si Dios hubiera disparado esta pregunta a Jonás, pero Jonás desaparece, y nos damos cuenta que la pregunta estaba dirigida a nosotros. ¿Cómo responderías?

Como el Libro de Jonás termina de esta manera, el texto nos invita a escribir nuestros últimos párrafos y capítulos finales. Es decir, Dios nos llama a aplicar este texto a nuestras propias vidas, en nuestra propia época y lugar. La introducción mostró tres capas en la historia de Jonás: Jonás y la Palabra de Dios, Jonás en el mundo de Dios, y Jonás y la gracia de Dios.

Así que, ¿cuál es nuestra relación con la Palabra, el mundo y la gracia de Dios? En los siguientes capítulos consideraremos todos los episodios en la vida de Jonás y preguntaremos: ¿qué significa esto para nosotros hoy?

❧✦❧

CAPÍTULO 10

NUESTRA RELACIÓN CON LA PALABRA DE DIOS

Huir de Dios (Jonás 1:1-3)

Dios ordenó a Jonás que fuera a Nínive, pero huyó en la dirección opuesta. ¿Por qué lo hizo? Hemos visto que la raíz de la desobediencia de Jonás fue su desconfianza en la bondad de Dios. No creía que Dios quisiera lo mejor para él.

Si quieres entender tu propio comportamiento, debes entender que todo pecado contra Dios se basa en no creer que Él está más dedicado a nuestro propio bien, y está más al tanto de cuál es, de lo que lo estamos nosotros. Desconfiamos de Dios porque no creemos que Él está de nuestro lado y que si le damos el completo control seremos infelices.

Adán y Eva no dijeron: «Seamos malos. ¡Arruinemos nuestras vidas y también a todos los demás!». Más bien pensaron: «Solo queremos ser felices. Pero Su mandato no parece que nos dará las cosas que necesitamos para salir adelante. Tendremos que tomar la iniciativa, no podemos confiar en Él». Jonás hizo exactamente lo mismo, recapituló la historia de la raza humana y nos mostró cómo nuestros propios corazones operan cada día. Raras veces los seres humanos mienten, tuercen la verdad, roban, explotan, manipulan, actúan egoístamente, rompen promesas, destruyen relaciones o arden de resentimiento motivados por el simple deseo de ser malos.

Aunque se nos haya enseñado que no debemos mentir o ser infieles a nuestras esposas, las personas se encuentran a sí mismas ante una encrucijada cuando afirman: «¡Si obedezco a Dios, no lograré disfrutar todo lo que podría! Debo ser feliz». Esa es la justificación. El pecado siempre empieza con la difamación de Dios. Creemos que Dios nos ha colocado en un mundo de placeres, pero ha determinado que no nos los dará si lo obedecemos. Esa es la mentira de

la serpiente, la tentación original de Adán y Eva por parte de Satanás que provocó la Caída (Gén. 3:4-5). La serpiente dijo a la raza humana que desobedecer a Dios era la única manera de alcanzar su felicidad en toda su plenitud y potencial, y este engaño ha penetrado profundamente en cada corazón humano.[1]

Una de las principales razones por las que confiamos muy poco en Dios es porque confiamos demasiado en nuestra propia sabiduría. Pensamos que tenemos una mejor idea de la que Dios tiene sobre cómo deberíamos vivir nuestras vidas y lo que nos hará felices. Todo ser humano que ha llegado a una edad madura sabe cuán a menudo nos hemos equivocado al respecto. Con todo, nuestros corazones siguen operando bajo este mismo principio, año tras año. Recordamos cuán necios fuimos cuando teníamos 20 años, pero pensamos que ahora que tenemos 40 sí sabemos. Sin embargo, solo Dios sabe.

Por eso, debido a nuestra profunda desconfianza en la bondad y la Palabra de Dios, hacemos todo lo que podemos para escaparnos de Su mano. Esta es en verdad la tentación más fundamental que haya jamás habido en el mundo, y el pecado original. Los detalles específicos pueden variar, pero el susurro que viene desde lo profundo del corazón siempre será: «Tengo que cuidar de mí mismo».

Jonás desconfió de Dios y huyó de Él. ¿Qué debería entonces haber hecho?

Años atrás, Dios había dado a Abraham un mandato que no tenía absolutamente ningún sentido. «… Toma a tu hijo, el único que tienes y al que tanto amas […] ofrécelo como holocausto en el monte que yo te indicaré» (Gén. 22:2). No se dieron razones, y Dios nunca antes había pedido un sacrificio humano, era una abominación. Además, Dios había prometido en un pacto solemne que haría a los descendientes de Abraham más numerosos que la arena. La Palabra de Dios a Abraham fue aun más inexplicable que Su Palabra a Jonás. No obstante, ¿qué hizo Abraham? Fue al monte, se negó a actuar como si supiera lo que era mejor y se acordó de quién era Dios. El mismo Abraham había dicho anteriormente: «… Tú que eres el Juez de toda la tierra, ¿no harás justicia?» (Gén. 18:25). Desde nuestra perspectiva

podemos ver muchas cosas que Dios estaba haciendo en la vida de Abraham. Él no sabía que Dios estaba fortaleciendo su fe, pero no necesitaba saberlo. Él confiaba en Dios.

Jonás conocía la historia de Abraham y de su fe. Eso debería haber sido un recurso espiritual para él. Podría haber seguido los pasos de Abraham, pero no lo hizo. Nosotros tenemos menos excusas que Jonás, porque tenemos un recurso infinitamente mayor en Jesucristo. Él, sometido a una presión inimaginable, nos salvó al pronunciar: «… Pero no sea lo que yo quiero, sino lo que quieres tú» (Mat. 26:39).

La misión que Dios le dio a Jonás significaba la posible muerte y sufrimiento. Este es un llamado que muchos cristianos han oído a través de los años, ir a predicar y hacer el bien en partes del mundo donde la muerte repentina es posible cada día.[2] Sin embargo, Jonás no quiso ir, pensó solo en sí mismo. La misión que Dios le dio a Jesús significaba la muerte segura y el sufrimiento sin límites, pero Jesús fue, no pensó en Sí mismo, sino en nosotros. El «trago amargo» del

cual habló Jesús se refería a experimentar la ira de Dios sobre Sí por causa de nuestro pecado, nuestro castigo.

Pero si comprendes la maravilla de lo que hizo por ti, y lo llevas hasta lo profundo de tu corazón, entonces finalmente se acabará esa obstinada creencia de que no puedes confiar en la bondad de Dios. Puedes empezar a decir: «¡Él es bueno! Si Él hizo todo eso por mí, debe amarme. Debe estar dispuesto a hacer cualquier cosa para darme gozo y lo que necesito». Si ves que Jesús confió en Dios en la oscuridad para salvarnos, nosotros podemos confiar en Él cuando las cosas sean confusas y difíciles.

Las tormentas del mundo (Jonás 1:3-4)

Jonás huyó de Dios, pero una tormenta lo persiguió. Siempre que desobedecemos a Dios, estamos violando nuestro diseño, porque Dios nos creó para servirlo, conocerlo y disfrutar de Él. Hay consecuencias naturales, y, por lo tanto, por así decirlo, todo pecado se relaciona con una tormenta. Sin embargo, vemos que la tormenta no solo vino sobre Jonás, quien lo merecía, sino también sobre los marineros, que navegaban en el mismo barco, que no lo merecían. La vida en el mundo está llena de tormentas, con dificultades y sufrimientos, algunas de las cuales las hemos buscado nosotros mismos, pero muchas de ellas no.

En cualquier caso, Dios cumple Sus buenos propósitos en nuestras vidas a través de las tormentas que vienen sobre nosotros (Rom. 8:28).

Una razón para las tormentas en nuestras vidas es llevarnos a depender de Dios y descubrir Su amor y fortaleza en maneras en que, en caso contrario, nunca lo haríamos. En una carta pastoral sobre las pruebas y las tentaciones, el ministro anglicano John Newton escribió que solo cuando sufrimos más se hace evidente «el poder, la sabiduría y la gracia [de Dios] en apoyar el alma», al permitir que aguante e incluso triunfe «bajo presiones que van más allá de lo que su propia fuerza puede soportar».[3] Otra manera en que Dios opera a través del sufrimiento, escribiría Newton, es que el sufrimiento ahora «evita mayores males» posteriormente.[4] El mayor peligro de todos es que nunca lleguemos a darnos cuenta de nuestra ceguera, ni orgullo, ni autosuficiencia. Naturalmente creemos que podemos dirigir con mayor sabiduría nuestras vidas de lo que realmente podemos, y que somos más virtuosos, honestos y decentes de lo que en realidad somos. Estos son errores fatales, y Satanás estaría feliz de dejarte tener por muchos años una vida buena y feliz para que no vieras la verdad hasta que fuera muy tarde. Sin embargo, Dios por amor quiere que abras los ojos a tu condición para que puedas hacer algo al respecto. En muchas vidas Él usa las tormentas.

Hace años, leí un viejo cuento de hadas sobre una bruja malvada que vivía en una remota cabaña en lo profundo del bosque. Cuando los viajeros entraban buscando alojamiento, ella les ofrecía comida y una cama. Era la cama más cómoda en la que cualquiera de ellos se hubiera acostado. Pero era una cama llena de magia negra, y si el viajero todavía estaba durmiendo en ella cuando saliera el sol, se convertía en piedra. Y,

el viajero sería una figura más dentro de la colección de estatuas de la bruja hasta el final de los tiempos. La bruja había obligado a una joven a servirle, y aunque esta no tenía ningún poder para resistirla, se había llenado cada vez más de compasión por las víctimas de la bruja.

Un día, un joven vino en busca de cama y comida. La joven sirvienta no podía soportar verlo convertirse en piedra. Entonces, puso palitos, piedras y cardos en la cama, lo que la hizo horriblemente incómoda. Cada vez que daba vuelta, el joven sentía un nuevo objeto doloroso. Aunque quitó cada uno, siempre había otro que le puyaba la carne. El joven solo durmió de manera irregular y finalmente se levantó, sintiéndose cansado, mucho antes del amanecer. Cuando salía por la puerta principal, la joven sirvienta lo encontró, y el joven la regañó cruelmente: — ¿Cómo puedes dar a un viajero una cama llena de piedras y palitos? — le gritó y siguió su camino. — ¡Ah! —murmuró ella en voz baja — ¡la aflicción que conoces ahora no se parece en nada a la infinitamente mayor aflicción que un sueño apacible traería sobre ti! Eran mis piedras y palitos de amor.

Dios pone piedras y palitos de amor en nuestras camas para que despertemos, para llevarnos a confiar en Él, no sea que el fin de la historia o de la vida nos alcance sin el Señor en nuestros corazones, y nos convirtamos en piedra. Sin duda, la Biblia habla de la salvación de esta manera. «Les daré un nuevo corazón, y les infundiré un espíritu nuevo; les quitaré ese corazón de piedra que ahora tienen, y les pondré un corazón de carne» (Ezeq. 36:26). La autosuficiencia, el egocentrismo y la autojustificación nos hacen ser duros con aquellos que pensamos que son unos fracasados y perdedores, e irónicamente nos hace odiarnos a nosotros mismos si no vivimos a la altura de nuestros propios estándares.[5]

En el interior de la tormenta y las olas que azotaban a Jonás, Dios preparó un gran pez para salvarlo. Esta es una clara imagen del principio de Romanos 8:28. Hay amor en el centro de nuestras tormentas. Si te vuelves a Dios por medio de la fe en Cristo, Él no permitirá que te hundas. ¿Por qué no? Porque la única tormenta que puede en verdad destruir, la tormenta de la justicia divina y el juicio sobre el pecado y el mal, nunca vendrá sobre ti. Jesús inclinó Su cabeza contra la peor tormenta, voluntariamente, por ti. Él murió, recibió el castigo que nosotros merecíamos por el pecado, para que podamos ser perdonados cuando confiamos en Él. Cuando consideras lo que ha hecho por ti, seguramente no obtendrás respuesta a todas las preguntas que tienes sobre tu sufrimiento. Pero demuestra que, pese a todo, Él aún te ama. Porque se ha lanzado contra *esa* tormenta por ti, puedes estar seguro que hay amor en el centro de *esta* tormenta para ti.

> Su amor en otro tiempo,
> me impide pensar
> que a la postre me dejará
> en la dificultad naufragar.
>
> En oración lucharé,
> y Él hará.
> Con Cristo en el bajel

le sonrío a la tempestad.[6]

El modelo del amor (Jonás 1:11-17)

No debemos dudar que el Nuevo Testamento ve la
cercanía de Jonás a la muerte para salvar físicamente a
los marineros como una señal de la muerte de verdad
de Jesús para salvarnos eternamente. Los comentaristas han indicado los paralelos fascinantes entre la
experiencia de Jonás en la tormenta y la experiencia
de Jesús en la tormenta en el lago de Galilea en Marcos 4:35-41. Tanto Jesús como Jonás estaban en el
agua a bordo de embarcaciones. Ambas embarcaciones
fueron alcanzadas por tormentas. Cada tormenta se
describe como particularmente violenta. Tanto Jesús
como Jonás estaban, de manera sorpresiva, dormidos
en medio de la poderosa tormenta. En cada caso, los
demás en la embarcación se acercaron al que dormía
y le gritaron que se ahogarían si no hacía algo al respecto. En Marcos 4:38 parece ser que los discípulos

expresaron nuestros sentimientos personales hacia Dios en el sufrimiento: «Los discípulos lo despertaron. —¡Maestro! —gritaron—, ¿no te importa que nos ahoguemos?». Tanto en Marcos 4 como en Jonás 1 hubo una intervención milagrosa de Dios y el mar se calmó. Y, finalmente, después de la liberación, se menciona que tanto los marineros como los discípulos estaban más aterrorizados de lo que habían estado durante la tormenta (Mar. 4:41; Jon. 1:16). Estas similitudes no pueden ser coincidencias. Mediante este paralelismo, Marcos expresó que la disposición de Jonás a morir por los marineros nos llevó a un amor sacrificial infinitamente mayor que propició una salvación infinitamente mayor. A diferencia de Jonás, Jesús no fue arrojado al agua, porque Jesús vino a salvarnos de un peligro mucho más grande que ahogarse. Jesús pudo calmar la tormenta en Galilea y salvar a los discípulos porque posteriormente, en la cruz, se arrojaría contra la peor tormenta de la ira divina para poder salvarnos del pecado y de la misma muerte. Jesús declaró: «Porque así como tres días y tres noches estuvo Jonás en el vientre de un gran pez, también tres días y tres noches estará el Hijo del hombre en las entrañas de la tierra» (Mat. 12:40).

Cuando Jonás dijo a los marineros que lo lanzaran por la borda, sacrificándose para salvarlos, quizás estaba presentando el tema central de la Biblia. Hay, al menos, dos aspectos al respecto que debemos considerar. Un aspecto es ético: el amor debe ser abnegado, es decir, procurar el bien ajeno aun a costa del propio. Podemos vivir una buena vida en este mundo solo a través del amor sacrificial.

Los escritores del Nuevo Testamento tomaron una palabra griega bastante general para el afecto—*agape*—y le infundieron un significado nuevo y excepcional. En la Biblia, escribió el biblista John Stott: «el amor *agape* significa autosacrificio con el fin de servir a otros».[7] Es decir, renunciar a los propios intereses o deseos por el bien ajeno. En 1 Juan 3:16-18, leemos: «En esto conocemos lo que es el amor: en que Jesucristo entregó su vida por nosotros. Así también nosotros debemos entregar la vida por nuestros hermanos…». Cuando Juan afirmó que «En esto conocemos lo que es el amor», sostenía que, de este lado de la cruz, el

amor siempre se definiría en términos de abnegación. «Así como la esencia del odio es el asesinato [...] así también la esencia del amor es el sacrificio de uno mismo [...]. Asesinar es quitarle la vida a otra persona; el autosacrificio es dar la vida de uno por la de otro».[8]

Muchos se apartan de esta definición. La queja es que lleva a algunos a permanecer en relaciones de abuso o explotación. Sin embargo, eso es olvidar toda la definición. El autosacrificio es siempre, como Stott afirmó: «con el fin de servir a otros». Permitir que alguien te explote o peque contra ti es no amarlo. Solo lo confirma en su conducta indebida y podría llevar a la ruina de ambos. Sin duda, algunas personas permiten que las intimiden y las usen, por muchas razones psicológicamente tóxicas, todo con el pretexto de ser «abnegado». En realidad, es egoísta, una forma de sentirse superior o necesitado. Decir que el amor abnegado debe llevar al abuso y la opresión es malinterpretarlo por completo.

Uno de los grandes contrastes entre nuestra cultura occidental y el cristianismo se da exactamente en este punto. Nuestra sociedad define el amor casi como una transacción para la realización personal. Es una definición que se basa en el mercado. Tú permaneces en una relación amorosa mientras ambos se beneficien de ella. Sin embargo, este enfoque ha llevado a grandes daños.

Un libro reciente sobre la crianza de los hijos explica por qué tantas personas modernas están teniendo menos hijos o ninguno del todo. Nosotros «somos libres de escoger o cambiar cónyuges [...] escoger o cambiar vidas profesionales. Pero nunca podemos escoger o cambiar [quiénes son] nuestros hijos. Ellos representan la última obligación con carácter vinculante en una cultura que no requiere casi ningún otro compromiso permanente».[9] En nuestra sociedad individualista, incluso el matrimonio ha sido transformado en una relación de consumo que existe solo mientras cada parte se beneficie. Tan pronto como la relación requiere sacrificio de nuestra parte, dar más que recibir, la sociedad dice que puede desecharse. Sin embargo, la crianza de los hijos se resiste con tenacidad a esta actitud moderna. Requiere sacrificio sustitutivo. Puedes sufrir voluntariamente, en amor, de una manera que

les da vida, o ellos van a sufrir de manera involuntaria durante todas sus vidas.

Otra área donde el punto de vista moderno es disfuncional es la de la reconciliación. Ninguna sociedad puede mantenerse unida si no existe la capacidad o la disposición de perdonar. Constantes rencillas violentas entre familias y la venganza por errores pasados han devastado a la sociedad civil. Con todo, la capacidad para dejar a un lado los resentimientos y trabajar duro requiere hábitos del corazón que nuestra cultura ya no forma en nosotros.

En 2006, un hombre armado tomó como rehenes a diez muchachas, entre seis y trece años, en una escuela menonita. El hombre disparó a ocho de ellas, mató a cinco, antes de cometer suicidio. Los menonitas sacudieron a la nación cuando como comunidad perdonaron al asesino de sus niños. Asistieron al funeral del tirador, y expresaron su apoyo a la familia que había dejado. Además, las familias que perdieron a sus hijos perdonaron al asesino y a su familia. Aunque muchos admiraron sus acciones, los sociólogos que estudiaron el caso escribieron que la sociedad moderna norteamericana ya no puede producir gente capaz de hacer lo mismo. Estados Unidos, afirmaron, es ahora una cultura que promueve la expresión de los propios derechos. La comunidad cristiana menonita, en cambio, había creado una cultura de renuncia personal, inspirada en la entrega total de Jesús, que renunció a sus derechos con el fin de servir a otros.[10] Como se ha perdido el ideal de la abnegación y el altruismo, nuestra sociedad no puede dar a sus miembros los recursos que necesitan para este requisito fundamental de la vida humana en sociedad.

El segundo aspecto de este tema es el teológico. Nosotros podemos ser salvos eternamente únicamente por medio del amor sacrificial de Cristo.

En la literatura, las obras y la cinematografía, el sacrificio sustitutivo es siempre el punto de la trama más fascinante y conmovedor. En la película *El último de los mohicanos*, el mayor del ejército británico Duncan Heyward pidió a sus captores indios si podía morir en las llamas para que Cora, a quien él amaba, y Nathaniel pudieran quedar libres. Cuando estaba siendo arrastrado fuera, Duncan gritó: «¡Mis respetos, señor! ¡Váyanse de aquí!». Nos asombra su disposición inquebrantable de morir para salvar a otros, uno de los cuales era su rival. Muere con los brazos atados y extendidos, como si estuviera en una cruz.

Ernest Gordon relataría en sus memorias cuando fue un prisionero de los japoneses durante la Segunda Guerra Mundial. Narraba cómo al final de un día de trabajo forzado los guardias contaron las palas, y una parecía haber desaparecido. Un furioso guardia amenazó a los prisioneros británicos que, si el culpable no confesaba, los mataría a todos. Entonces, cargó su pistola para empezar a dispararles uno a uno. En ese momento, un prisionero dio un paso al frente y dijo: «yo lo hice». Este permaneció de pie en silencio, y «ni siquiera abrió su boca» (Isa. 53:7) mientras fue golpeado hasta morir. Cuando todos volvieron al campamento y contaron las palas de nuevo, resultó que todas estaban allí. El hombre se había sacrificado para salvar a los demás.[11]

En la primera novela de Harry Potter, el malvado Lord Voldemort no podía tocar a Harry sin quemarse. Más tarde Dumbledore se lo explicaría. «Tu madre murió para salvarte [...] un amor tan poderoso [como ese] deja marcas poderosas [...]. Haber sido amado tan profundamente [...] nos deja para siempre una protección».[12] ¿Por qué estas historias nos conmueven? Es porque sabemos que, desde las circunstancias triviales de la vida hasta las más dramáticas, el amor que cambia la vida es el sacrificio sustitutivo. Sabemos que todo aquel que en verdad ha marcado una diferencia en nuestras vidas se sacrificó, dio un paso al frente y dio, pagó o soportó algo para que nosotros no tuviéramos que hacerlo.

Muchos hoy rechazan la doctrina de la expiación sustitutiva. Creen que describe a un Jesús amoroso que extrae el perdón de un Dios enfurecido y poco dispuesto. Algunos han llamado a esto «el abuso divino del hijo». Pero eso ataca a Jesús. Lo degrada en un tipo de ser inferior, y niega una de las doctrinas cardinales de la Biblia y el cristianismo, es decir, que hay un solo Dios que existe en tres personas: Padre, Hijo y Espíritu Santo. Las tres personas no son tres dioses, sino uno. Así que el nombre «Jesús» significa «Dios salva», y Su nombre «Emanuel»

(Mat. 1:21-23) significa «Dios con nosotros». Pablo declaró «… que en Cristo, Dios estaba reconciliando al mundo consigo, no tomándole en cuenta sus pecados…» (2 Cor. 5:19). Incluso mientras estuvo aquí en la tierra, Cristo dijo que Él estaba en el Padre y que el Padre estaba en Él (Juan 14:11, 17:21-23). Y Pablo añadió que toda la plenitud de Dios habita en Cristo (Col. 2:9).

Lo que pasó en la cruz fue que Dios vino y nos sustituyó. «El Padre justo y amoroso se humilló haciéndose carne, pecado y maldición, en Su único Hijo y a través de Él, por amor a nosotros, para redimirnos sin menoscabo de Su propio carácter».[13] En una vieja iglesia italiana hay una pintura de la crucifixión. Pero detrás del cuerpo de Cristo, extendida en la cruz, aparece «la esfumada y la vasta» figura de Dios, por lo que «el clavo que atraviesa la mano de Jesús pasa hasta atravesar la mano de Dios. La lanza clavada en el costado de Jesús pasa hasta atravesar también el costado de Dios».[14] La pintura nos muestra una verdad muy bíblica. Pablo pudo decir que Dios nos compró «con su propia sangre» (Hech. 20:28). La sangre de Jesús es la sangre de Dios.

Y esta es la respuesta a las objeciones sobre la aparente injusticia de la expiación sustitutiva. John Stott escribió:

> El evangelio bíblico es que en la expiación Dios se satisface al ofrecerse a Sí mismo como sustituto por nosotros. El concepto de la sustitución puede decirse, entonces, subyace en el fondo tanto del pecado como de la salvación. Porque la esencia del pecado es que el hombre sustituye a Dios con su propia persona, mientras que la esencia de la salvación es que Dios sustituye al hombre con Su propia persona. El hombre se opone a Dios y se coloca a sí mismo donde solo Dios merece estar; Dios se sacrifica a Sí mismo por el hombre y se coloca donde solo el hombre merece estar. El hombre demanda prerrogativas que únicamente corresponden a Dios; Dios se somete a los padecimientos que únicamente corresponden al hombre.[15]

Un Dios que sufre dolor, injusticia y muerte por nosotros es un Dios digno de nuestra adoración. En un mundo de dolor y opresión, ¿cómo podríamos entregarle nuestra mayor lealtad a alguien que fuera inmune a todo eso? Este es un Dios que conoce cómo son las tormentas, porque vino al mundo y se sumergió en el mayor dolor y sufrimiento. Por causa de su obra sustitutiva nosotros podemos tener vida. En la medida en que comprendas lo que Jesús hizo por ti, y descanses en la salvación que ha comprado para ti, en esa misma medida este modelo de amor y sacrificio sustitutivo se reproducirá en nuestras relaciones. Y tú te convertirás en la clase de persona que el mundo necesita con desesperación.

CAPÍTULO 11

જ⊱✦⊰ૐ

NUESTRA RELACIÓN CON EL MUNDO DE DIOS

¿Quién es mi prójimo? (Jonás 1:5-6)

Una de las principales preocupaciones del Libro de Jonás es que los creyentes deben respetar y amar a su prójimo, entre ellos los de raza y religión diferentes. El capitán del barco reprendió a Jonás porque no hizo nada en aras del bien común y público. En el barco, durante la tormenta, Jonás contradijo, en todo momento, la enseñanza que Jesús daría en la famosa parábola del buen samaritano (Luc. 10:25-37).

En esa historia, un samaritano que viajaba por un lugar peligroso y desolado, infestado con salteadores de caminos, se encontró con un judío al que habían atacado, robado y dejado herido y moribundo en el camino. Los judíos y los samaritanos eran enemigos, sin embargo, el samaritano rescató al hombre herido. Luego, lo llevó a un lugar donde podían cuidarlo hasta que recobrara la salud, todo a expensas del samaritano. Con Jonás como un mal ejemplo y el samaritano como uno bueno, la Biblia responde varias preguntas sobre las relaciones sociales del creyente.

¿Quién es mi prójimo? Al describir a un hombre que ayuda a su enemigo y concluir: Anda entonces y haz tú lo mismo, Jesús nos dice con la mayor firmeza que toda persona con necesidad, sin importar la raza, la religión, los valores y la cultura, es nuestro prójimo.

¿Cómo debo considerar a mi prójimo? Al convertir al samaritano, un miembro de un pueblo que los judíos consideraban marginado racialmente y herético teológicamente[1], en el héroe de la historia, Jesús envía el mensaje que Dios puede y da dones de bien moral, sabiduría y amor a todas las personas, de todas las razas y las clases sociales.

¿Qué significa amar a mi prójimo? Para responder esa pregunta, Jesús describió a alguien que satisfizo las necesidades físicas, materiales y económicas más

concretas. Esas son necesidades que tiene todo ser humano, al margen de sus creencias religiosas o de su raza. Satisfacer estas necesidades constituye el bien común, y las acciones del samaritano para buscar ese bien común fueron extravagantes. Un comentarista lo resume así:

> *Él se detuvo en el camino a Jericó para ayudar a alguien que no conocía pese al riesgo evidente de hacerlo así; dio de sus propios bienes y dinero, con liberalidad, y no hizo ningún arreglo para ningún tipo de compensación; con el fin de que este extraño recibiera atención, entró a un alojamiento, un lugar de potencial peligro; y aun entró en una relación monetaria de duración indefinida con el dueño del alojamiento, una relación en la que las posibilidades de extorsión eran altas.*[2]

Fue extraordinario hasta dónde llegó el samaritano para ayudar a un hombre de otra raza y religión, pero Jesús nos dice a cada uno: Anda entonces y haz tú lo mismo.

Detrás de la parábola de Jesús hay una verdad fundamental de la Biblia, es decir, la enseñanza de que cada ser humano es creado a la imagen y la semejanza de Dios (Gén. 1:26-27). Aunque ha habido mucho debate sobre cuáles son los rasgos específicos que componen la imagen, es indudable que esta hace a cada ser humano un ser con significado y dignidad. Las implicaciones evidentes son que no debemos atacar, explotar o agredir a ninguna persona (comp. Gén. 9:6), si bien la Biblia dice que no debemos ni siquiera maldecir ni amenazar a nadie con insolencia, porque toda persona es creada a imagen de Dios (Sant. 3:9).[3]

Juan Calvino, de quien se piensa con frecuencia como un dogmático intolerante, contradijo esa reputación cuando discutía cómo los cristianos deberían considerar a sus semejantes. Él dedujo extraordinarias implicaciones de la doctrina del *imago Dei*. Calvino repitió lo que había oído decir a muchos cristianos: «Una persona extranjera no merece nuestra ayuda, y muchas personas en nuestro vecindario son inmorales y sin religión, así que ¿por qué deberíamos esforzarnos en satisfacer las necesidades de estas personas?».

Calvino replicó que aun los que en sí mismos no merecen nada sino desprecio, debían tratarse como si fueran el mismo Señor, porque llevan Su imagen. «Dirás [sobre el extraño frente a ti] que no tienes ninguna obligación alguna respecto a él, pero Dios, por decirlo de algún modo, ha puesto a este hombre en su lugar, a fin de que puedas reconocer hacia él los grandes beneficios que Dios te ha brindado [...]. Vas a decir que 'ese hombre merecía algo muy diferente de tu parte'. Con todo ¿qué merecía el Señor? [...]. Recuerda que no hemos de considerar las malas intenciones de los hombres, sino que hemos de mirar la imagen de Dios en ellos, la cual anula y borra sus transgresiones, y con su hermosura y dignidad nos persuade para amarlos y aceptarlos».[4] El llamado de Calvino de que debemos tratar a todo ser humano «como el Señor lo merece», tiene algunas impresionantes implicaciones prácticas. Él las explicó con detalle. «Todo [cristiano] debe considerarse [...] deudor para con su prójimo, y al hacerles el bien no debe fijarse límites, a no ser que se le terminen sus recursos».[5]

¿Qué significa esto en la práctica para nosotros? Significa que los cristianos no podemos pensar que nuestro papel en la vida es estrictamente edificar la iglesia, tan crucial como lo es. Debemos, además, como vecinos y ciudadanos, trabajar sacrificialmente por la vida en común y el bienestar de todos.[6] ¿A qué se refiere? En el sentido más básico, se refiere a todo aquello que beneficia a toda la colectividad humana, más que solo los intereses personales de algunos individuos, grupos o clases sociales. Puede referirse a:

- un ambiente seguro, y no una comunidad plagada de crimen o amenazas para la salud;
- prosperidad económica y lugares de trabajo humanos, y no una comunidad con pocos trabajos donde la pobreza es rampante;
- un estado de paz, y no uno que se caracteriza por la violencia entre los individuos, las razas, los grupos o las naciones;
- un orden de justicia social, y no uno caracterizado por la corrupción y por un sistema de justicia que desfavorece al débil o al pobre;

- recursos de acceso público como buenas instituciones educativas, atención médica, parques y recreación;
- armonía social y urbanidad en que las personas de diferentes razas, culturas y sistemas morales se relacionan entre sí con respeto;
- una comunidad comprometida con el cuidado de los débiles y los necesitados: los ancianos, los crónicamente enfermos, las familias monoparentales y los huérfanos, los inmigrantes y los pobres;
- un gobierno que trabaja en favor de todos sus ciudadanos, no solo de los ricos y poderosos.

Los cristianos y la política

Jonás huyó de Dios en vez de buscar el bien espiritual de una ciudad que él despreciaba. Se identificó demasiado tanto política como emocionalmente con los intereses de seguridad nacional de Israel. Nosotros debemos evitar cometer el mismo error. Dicho esto, después de un vistazo a la lista anterior, algunos responderán que es imposible trabajar por el bien público o el bien común sin que los cristianos participen en la política. Eso es verdad, y por eso debe lograrse un prudente equilibrio.

Primero, no debemos pensar que es posible ignorar la realidad de la política y solo predicar el evangelio. Los cristianos que tratan de evitar toda discusión y participación política están esencialmente emitiendo un voto en favor de las condiciones sociales actuales. Como ninguna sociedad refleja la justicia y la rectitud de Dios, al parecer los cristianos que son ajenos a la política están respaldando muchas cosas que desagradan a Dios. Entonces, no ser político es ser político. Las iglesias en Estados Unidos, a principios del siglo XIX que no se pronunciaron sobre la esclavitud porque habría sido «participar en política», estaban realmente respaldando esta condición social al permanecer en silencio. También la Biblia nos presenta a creyentes que participaron en política y ocuparon puestos importantes en gobiernos paganos: piensa en José y en Daniel.[7]

Los cristianos pueden y deben participar en política, como una manera de mostrar el amor al prójimo. Trabajar por mejores escuelas públicas en un vecindario pobre o terminar la segregación en un país requiere de la participación política, y los cristianos lo han hecho así y deben continuar haciéndolo. Con todo, aunque cada cristiano debe hacer esto, la iglesia no debe identificarse con un conjunto de políticas públicas ni con un determinado partido político presentándolos como que estos son los aprobados por Dios.[8] Hay diversas razones para esto.

Una razón es que tiene efectos dañinos porque da la fuerte impresión a los que oyen el evangelio que, para convertirse, no solo tienen que creer en Jesús, sino también deben afiliarse a un determinado partido o causa.[9] Esto confirmaría lo que muchos escépticos quieren creer sobre la religión, que esta no es una verdad espiritual genuina, sino que se trata solamente de una estrategia política y una búsqueda de votos, lo cual es una manera más de buscar el poder sobre otros.

Otra razón para no vincular la fe cristiana con un determinado partido es que la mayoría de las posiciones políticas no son asuntos prescritos en la Biblia, sino de sabiduría práctica. Esto no significa que la iglesia no puede hablar de realidades sociales, económicas y políticas, porque la Biblia lo hace. El racismo, como hemos visto, es un pecado, que viola el segundo mandamiento que dice: «Ama a tu prójimo». Además, el mandamiento bíblico de ayudar a los pobres y defender los derechos de los oprimidos no es una opción para los creyentes; es un imperativo moral. Y denunciar en particular las violaciones atroces a estas exigencias morales es importante.[10]

Ahora bien, desde el momento en que un grupo de cristianos decide exactamente cuál es la mejor manera de alcanzar estos ideales morales en la sociedad, cualesquiera que sean, por lo general pasan de lo que prescribe la Biblia al ámbito de la sabiduría y la prudencia.[11] ¿Es la mejor manera de ayudar al pobre reducir el gobierno y dejar que los mercados de capital privado asignen recursos, o la mejor manera es agrandar el gobierno y darle mayor

injerencia? Los esfuerzos para encontrar en la Biblia un claro mandato para el capitalismo liberal o para el comunismo, no logran convencer.[12] Las mejores políticas sociales están entre esos polos, pero la Biblia no define exactamente ese punto para todo tiempo, lugar y cultura.

Una vez un amigo me contó sobre un hombre de Mississippi (Estados Unidos) que era muy conservador en todo sentido. Era un republicano conservador y un presbiteriano muy tradicional. Hacía mucho que quería visitar Escocia, la tierra natal de los presbiterianos de Estados Unidos. Finalmente acordó servir por un mes como un trabajador en una pequeña congregación presbiteriana en una localidad en las tierras altas de Escocia. La iglesia y su gente eran tan conservadores como él esperaba, y bastante estrictos en cuanto a la observancia del *sábat*. Ni siquiera encendían la televisión los domingos.

Sin embargo, un día se metió en una discusión con varios de sus admirados amigos escoceses cristianos y descubrió, para su sorpresa, que todos eran (según su opinión) socialistas. Es decir, que su comprensión

de la estructura de los impuestos y la política económica gubernamental era muy de izquierda. Él no podía creerlo, pues siempre había creído que ser teológicamente conservador implicaba ser políticamente conservador en todo sentido. Conversó lo suficiente con ellos para descubrir que su comprensión de la función del gobierno se fundamentaba en sus convicciones cristianas. El hombre regresó a Estados Unidos, no que hubiera dejado de ser políticamente conservador, sino que, en sus propias palabras, regresó «humillado y escarmentado». Se dio cuenta de que cristianos pensantes, todos tratando de obedecer el llamado de Dios, podían esperar verse en diversos lugares del espectro político, y sus lealtades podían ponerse en diferentes partidos políticos.

Otra razón por la que los cristianos, en particular en la actualidad, no pueden permitir que la iglesia se vincule por completo con un determinado partido es el problema del «acuerdo global sobre convicciones éticas». Muchos partidos políticos insisten en que sus miembros se comprometan con todas las posiciones convenientes en todos los temas. Entonces,

tú no puedes convenir en un tema si no aceptas el abanico completo de todas las posiciones aprobadas por el partido.[13]

Este énfasis en estos «acuerdos globales» pone presión en los cristianos en el terreno político. Por ejemplo, al seguir las enseñanzas tanto de la Biblia como de la iglesia primitiva, los cristianos estarán comprometidos con la justicia racial y los pobres, pero además con la idea de que las relaciones sexuales están limitadas al matrimonio.[14] Uno de estos puntos de vista parece progresista y el otro parece opresivamente conservador. Las posiciones de los cristianos sobre los temas sociales, entonces, no tienen cabida en las organizaciones políticas contemporáneas.

Como resultado, los cristianos se ven empujados hacia dos principales opciones. Una es darse por vencidos y desistir, al tratar de desentenderse de la política. La segunda posibilidad es tragar saliva, integrarse y adoptar plenamente el «acuerdo global» de un partido, para que lo admitan como parte del liderazgo. Los partidos políticos ofrecerán a las iglesias, las organizaciones y los líderes cristianos el fácil acceso al poder, el apoyo, los favores y las protecciones. Todo esto puede ser suyo si apoyan toda la agenda política y miran hacia otro lado en asuntos en los cuales los cristianos deberían objetar. El daño espiritual aquí es muy grande.[15]

Ninguna de estas opciones es válida. En la parábola del buen samaritano, Jesús nos prohíbe negarle ayuda al prójimo. Por otro lado, si experimentamos algún tipo de exclusión y aun de persecución (Mat. 5:10), se nos asegura que algunos aun verán nuestras «... buenas obras [...] y glorifi[carán] a Dios...» (1 Ped. 2:11-12). Nuestro trabajo en el Señor no es en vano (1 Cor. 15:58). En realidad, si solo somos «ofensivos» o solo «atractivos» y no ambos, podemos estar seguros que no estamos viviendo como deberíamos.

El evangelio nos da la capacidad y los medios para amar a las personas que rechazan tanto nuestras creencias como a nosotros personalmente. Piensa en cómo Dios te conquistó. No lo hizo, al asumir el poder, sino al venir y perder el poder y al servirte. ¿Cómo te salvó Dios? No vino con una espada en Sus manos, sino con

clavos que las atravesaban. No vino a traer juicio, sino a soportar el juicio. Por eso el himno afirma:

Pues no con el choque estridente de las espadas
ni con el redoble sobrecogedor de los tambores
más con obras de amor y misericordia
tu reino celestial ha de venir.[16]

El buen samaritano arriesgó su vida y sacrificial-mente mostró amor por alguien que no solo era un extraño, sino un miembro de un grupo racial que los samaritanos habrían visto como peligrosos y aun res-ponsables de gran parte del sufrimiento en su propia comunidad. El judío merecía la ira del samaritano, pero en vez de eso recibió amor sacrificial y concreto, la satisfacción de sus necesidades materiales y físicas. En esto, la parábola nos señala al «gran samaritano», Jesucristo. No merecemos nada más que Su rechazo. Sin duda, Él sabía que nosotros, los seres humanos, lo condenaríamos a la muerte. Él no solo arriesgó Su vida por nosotros, Él la dio. Murió por nosotros para que pudiéramos vivir. Hasta que no veamos a Jesús

como nuestro Buen Samaritano, nunca renunciaremos a nosotros mismos inspirados por la vehemencia del amor hacia nuestro prójimo.

Incluir a los demás (Jon. 1:7-10)

Cuando Jonás se presentó a los marineros, puso en primer lugar su identidad racial. Este es el primer indicio que nos da el libro de lo que posteriormente se revelará con mayor detalle, es decir, que a Jonás le ofendía que Dios tuviera misericordia de «otros» que no fueran de su misma raza. Su origen y su nación se habían convertido no solo en buenas cosas que amaba, sino en ídolos. Cuando esto sucede, nos lleva a excluir a las personas que son diferentes a nosotros: las rechazamos, denigramos, evitamos, marginamos y queremos integrarlas por la fuerza, demandándoles que crean y actúen como nosotros.[17]

La exclusión cultural parece suceder en casi todo el mundo. Las personas son avergonzadas y castigadas en nuestras sociedades modernas y pluralistas si

no se conforman a las piedades vigentes. Hablamos mucho sobre tolerancia, pero demandamos que ellas adopten nuestras características y creencias. No deben manifestar ninguna diferencia del resto de nosotros o las consideraremos totalmente inaceptables. Es común que insistamos que todos deben «respetar las diferencias», permitir a las personas que sean ellas mismas, pero al instante siguiente mostramos completa falta de respeto hacia todo aquel que difiera de nuestras creencias más arraigadas. Nos burlamos de los que son más progresistas que nosotros y los llamamos despectivamente *guerreros de la justicia social*; despreciamos a los que son más conservadores que nosotros y los llamamos *fanáticos detestables*.

Muchos afirman que el tribalismo fue un mecanismo de supervivencia y por eso los seres humanos están mentalmente programados para buscar su trascendencia y seguridad al demonizar a otros.[18] Otro autor escribió que «uno de los aspectos más perturbadores» de la identidad humana es que «la creación de cualquier "nosotros" debe dejar fuera o excluir un "ellos"», de modo que nuestras identidades dependen necesariamente de las personas que excluimos.[19] Solo al denunciar, culpar y menospreciar los factores de identidad de las personas que son diferentes: raza, clase social, religión y puntos de vista, podemos sentirnos bien con la propia. La exclusión nos brinda la «ilusión de perfección y fortaleza».[20] Y, por eso, pareciera ser inevitable.

Hay quienes proponen una sociedad ideal de inclusión absoluta. Nos instan a aceptar todas las perspectivas e igualmente respaldan a todo tipo de personas. Nadie en realidad puede decirle a otra lo que está bien o mal, según ellos, por lo que tenemos que incluir todos los puntos de vista. Sin embargo, cualquier esfuerzo para aplicar la inclusión absoluta siempre lleva a nuevas formas de exclusión. Por ejemplo, podrías decir: «No hay gente buena ni gente mala», pero quienes piensan diferente, es decir, que *hay* buenas personas y malas personas, ahora, son las malas personas. Al parecer, rechazar todos los «binarios» de inmediato crea nuevos. Además, los que insisten con la ilusión de la inclusión absoluta, a menudo demuestran

su incapacidad para nombrar y condenar el comportamiento que es malo e injusto.[21]

Por eso la inclusión absoluta es, al final, imposible de aplicar. En última instancia, todos creen en algunos absolutos morales. Una vez que hayamos comprendido esto, la nueva pregunta sería: ¿Qué conjunto de valores y absolutos morales nos llevan a aceptar enteramente a aquellos de los que diferimos profundamente?

¿Hay algo entre estos dos polos, unos que respaldan todos los puntos de vista y los otros que excluyen a las personas como «los otros»? Sí, lo hay. Jesús declaró: «Pero yo les digo: Amen a sus enemigos y oren por quienes los persiguen [...]. Y, si saludan a sus hermanos solamente, ¿qué de más hacen ustedes? ¿Acaso no hacen esto hasta los gentiles?» (Mat. 5:44, 47). En este caso, Jesús manifestó que la manera de vivir de Sus discípulos debía contrastar claramente con la manera ordinaria en que los seres humanos se relacionan con «los otros». Jesús nos dice que «saludemos» a todas las personas, y en Su época las personas hacían esto con la palabra *shalom*: desear a alguien *shalom*, la palabra para prosperidad completa, salud y felicidad, era querer su bien. Jesús reconoció que algunas personas eran antagonistas, incluso acosadoras. Él no dijo que todos fueran justos y buenos por igual, sino que insistió en que sus necesidades como seres humanos eran igualmente importantes, al margen de sus creencias. Él mandó a Sus discípulos a que abrieran sus corazones a los que eran diferentes, y a abrir espacios para ellos en sus vidas, sus emociones y sus cuidados.

Como hemos visto, muchos afirmarán que esto es sencillamente imposible, que nuestras identidades no se pueden reducir porque nos sintamos superiores a grupos o personas a quienes vemos como inferiores. Pero esto no debe ser verdad en el caso de los que dicen tener una identidad cristiana.

La identidad humana y la autoestima suelen venir de nuestros logros. Estamos orgullosos de ser profesionales exitosos o de ser parte de un grupo racial que ha tenido grandes avances. Fortalecemos la autoestima de los individuos y de los grupos al colmarlos de elogios por sus éxitos. Pero tal identidad es inherentemente frágil e inestable porque necesita reconocimiento

y refuerzo. Sucede lo mismo con la mayoría de las identidades religiosas. Podemos decir: «Me he dedicado a la oración, al estudio de la doctrina, a vivir una vida correcta, y por tanto pienso que puedo decir que conozco a Dios».[22]

Sin embargo, la identidad cristiana se recibe, no se alcanza. En *Las Crónicas de Narnia* de C. S. Lewis, a uno de los personajes se le preguntó si conocía a Aslan, un león que es la figura de Cristo en estos libros. Él respondió: «Bueno, él me conoce».[23] Esto nos recuerda la declaración de Pablo a los cristianos de Galacia: «Pero, ahora que conocen a Dios—o más bien que Dios los conoce a ustedes...» (Gál. 4:9). Ten en cuenta que «conocer» a alguien en la Biblia no significa solo «conocer sobre», sino «estar en una relación personal». Lo que hace a una persona cristiana no es nuestro amor por Dios, el cual siempre es imperfecto, sino el amor de Dios por nosotros. Basar tu identidad en tus propios esfuerzos y éxitos, incluso en la cuantía de amor que tienes por Jesús, es tener una identidad frágil e inestable. Solemos albergar dudas sobre si hemos sido lo suficientemente buenos, e incluso si hemos tenido una buena semana, pues tememos que la próxima pueda empeorar.

Sin embargo, cuando ponemos la fe en Cristo, Dios nos recibe y nos acepta plenamente sobre la base de la obra de Cristo, no la nuestra (2 Cor. 5:21). Somos adoptados en la familia de Dios (Juan 1:12-13) y somos amados por Dios con el amor incondicional de un padre, no el aprecio condicional de un empleador ni de un mero soberano. Esto pone nuestra autoestima sobre una base totalmente nueva. Junto con Pablo podemos decir que en nosotros mismos somos indignos, «pero por la gracia de Dios soy lo que soy» (1 Cor. 15:10). Porque nuestra seguridad y confianza de ser amados no descansa en nuestros esfuerzos, tenemos la libertad psicológica de hacer lo que Jonás no pudo hacer: examinar nuestros corazones, reconocer nuestras carencias y admitirlas (Rom. 7:21-25). No obstante, pese a una mejor comprensión de nuestra pecaminosidad, no carecemos de una gran confianza. Pablo expresó que los cristianos «nos jactamos», tomamos valor, al considerar la manera en que somos

reconocidos en Cristo y no en nuestros propios esfuerzos o logros (1 Cor. 1:31; Gál. 6:14; Fil. 3:3).

Esta nueva comprensión de quiénes somos en Cristo transforma la manera en que nos relacionamos con las personas que son diferentes a nosotros.

Los cristianos todavía tenemos los mismos trabajos, las mismas familias, los mismos orígenes raciales y étnicos, pero el amor de Dios en Cristo se convierte ahora en la fuente principal de nuestra autoestima. Esto desplaza, pero no remueve o borra otros factores de identidad. Por eso Pablo declaró que en Cristo «ya no hay judío ni griego», pero como judío aún seguía con sus costumbres y modelos culturales (Hech. 21:24-26). Eso significa que cuando te haces cristiano no dejas de ser chino o europeo, pero ahora tu raza y nación no te definen por completo como antes. No dependes de ellas para el valor y la honra de la misma manera. Primero, eres cristiano y segundo, eres chino o europeo. Ser cristiano te da alguna distancia y objetividad, de modo que puedes ver tanto lo bueno como lo malo de tu cultura, con mucha mayor claridad que muchos que todavía dependen de ella para su fundamental autoestima.

> *Los cristianos nunca pueden ser en primer lugar asiáticos o americanos, rusos o tutsis, y después cristianos [...]. Cuando responden al llamado del evangelio, ponen un pie fuera de su cultura mientras que el otro permanece firmemente plantado en ella. [El cristianismo] no es huir de la cultura original, sino una forma de vivir dentro de ella debido a una nueva visión de paz y gozo en Cristo.*[24]

Viví esa experiencia hace algunos años cuando asistí a la reunión de una iglesia en un barrio pobre de negros en Sudáfrica. Me reuní con los líderes y miembros de una pequeña iglesia. Uno de los pilares de la iglesia era una madre soltera que había soportado pobreza, opresión y sufrimiento a través de los años. No obstante, su fe no solo la había ayudado a sobrellevar todas estas cosas; ella había triunfado sobre ellas. Las penurias de la vida no la habían vuelto amargada, ni cínica, ni la habían endurecido, ni hecho débil, ni dependiente. Ella era una cristiana alegre, llena de confianza en Dios y de amor sacrificial por otros.

Aunque yo era ministro de una iglesia grande en una gran urbe, pude reconocer en ella a alguien que me aventajaba en la oración y en la fe en Jesús. Si yo no hubiera sido cristiano, como un hombre blanco norteamericano habría tenido un poco de lástima por ella. Ella no había empezado alguna nueva organización ni campaña, tampoco era una gran líder política, ni tenía ninguno de los rasgos que yo valoraría más. Sin embargo, ahora soy primero un cristiano y segundo un blanco norteamericano, y por causa de nuestro vínculo común en Cristo, reconocí a una hermana con la que estábamos en las mismas condiciones de igualdad, ambos pecadores salvos por gracia y que me superaba en muchas formas cruciales. Esto implicaba que podía escucharla de una manera que de otro modo no podría haberlo hecho. Esa experiencia tuvo entonces efectos indirectos: empecé a considerar a otras personas marginadas con una nueva comprensión que no podría haber descubierto de otra manera.

Los primeros cristianos sorprendieron al mundo romano con esta faceta única de su identidad. Hasta entonces, la religión y la fe de la persona no eran más que una extensión de su identidad nacional. Tu raza determinaba quiénes eran tus dioses, la raza venía primero y la religión era solo una manera de expresarla. Sin embargo, los cristianos afirmaron que su Dios era el Dios de todo el mundo, y que las personas de todas las razas podían ser cristianas, y que, por tanto, la fe era más importante que la raza.[25] Las primeras iglesias cristianas fueron multiétnicas de manera sin precedente. Ellas reunieron a personas que nunca se habrían llevado bien antes de creer en Cristo.

Esta es una lección que Jonás nunca aprendió dentro del marco de tiempo de esta historia. En el último momento Dios le exhorta a verla. Sin embargo, nosotros tenemos menos excusas que Jonás si clasificamos a otras personas como «los otros» porque son intrínsicamente diferentes «a nosotros» por razones de raza y cultura.

En la novela *El señor de los anillos* de J. R. R. Tolkien, uno de los personajes principales, Gimli el enano, sentía desconfianza y aversión hacia los elfos, sentimiento que compartía con todos los de su raza. En la narrativa de Tolkien, los elfos y los enanos habían estado enemistados por siglos. En un punto del transcurso de la historia, Gimli llegó al país de *Lórien* y se presentó ante la reina de los elfos, Galadriel. Aunque él estaba triste y angustiado, ella le dio palabras de aliento en el idioma de los enanos, una lengua que los enanos no enseñaban a nadie. Gimli se sorprendió porque conocía su idioma y por su gesto de generosidad.

Galadriel miró a Gimli que estaba sentado y triste y le sonrió. Y el enano, al oír aquellos nombres en su propia y antigua lengua, alzó los ojos y se encontró con los de Galadriel y le pareció que miraba de pronto en el corazón de un enemigo, pero allí encontró amor y comprensión. El asombro le subió a la cara, y enseguida respondió con una sonrisa.

Se incorporó torpemente y saludó con una reverencia al modo de los enanos y dijo: — ¡Pero más hermoso aún es el país de Lórien, y la Dama Galadriel está por encima de todas las joyas de la tierra![26]

Después de esto, en el resto del libro, la actitud de Gimli hacia todos los elfos empezó a cambiar, lo que le permitió, eventualmente, convertirse en el amigo más cercano de otro elfo, Legolas. Cuando fue aceptado con amor por «el otro», de quien pensaba que era su enemigo, esto lo transformó y le permitió recibir a otros que eran sumamente diferentes a él.

Cuando Jesús nos exhorta en el sermón del monte a que amemos a nuestros enemigos y a que saludemos a los que son diferentes, no nos está pidiendo que hagamos algo que Él mismo no hizo. Él era diferente a nosotros: Era «… por naturaleza Dios…» (Fil. 2:6); la Deidad cuya santa presencia atemorizó a Moisés y a Isaías (Ex. 3:1-14; Isa. 6.1-9) y cuya gloria nadie podía ver y seguir con vida (Ex. 33:20). Con todo, Jesús, que era completamente diferente, se hizo igual a nosotros.

Quien, siendo por naturaleza Dios, no consideró el ser igual a Dios como algo a qué aferrarse. Por el contrario, se rebajó voluntariamente, tomando la naturaleza de siervo y haciéndose semejante a los seres humanos. Y, al manifestarse como hombre, se humilló a sí mismo y se hizo obediente hasta la muerte, ¡y muerte de cruz! (Fil. 2:6-8).

Aquí tenemos el modelo a seguir para amar y recibir a los que son diferentes, en vez de excluirlos como «los otros». Jesús ciertamente tenía el derecho a excluirnos, pero no lo hizo. Él nos amó, nos recibió y reconcilió consigo mismo, con lo cual nos ha bendecido en un sentido general; lo que también incluye un llamado al arrepentimiento radical. Él no nos incluyó como si tuviéramos el derecho de ser recibidos, ni nos excluyó ni rechazó como lo merecerían nuestros pecados. Su muerte sacrificial voluntaria para pagar el castigo por nuestros pecados nos da la convicción de pecado y de la necesidad de cambiar, así como nos asegura de Su amor y del perdón más allá de nuestras faltas, todo al mismo tiempo.[27]

Aquí, entonces, está el modelo a seguir sobre cómo debemos tratar a los que son diferentes. Aquí está, además, el poder para hacerlo. Cuando Pablo iba camino a Damasco, para encarcelar y ejecutar a más cristianos, Jesús se le apareció y le dijo que al perseguir a los cristianos estaba persiguiéndolo a Él (Hech. 9:5). Pablo era enemigo de Cristo. Con todo, Cristo lo perdonó y sanó su ceguera física y espiritual. Pabló se encontró con quien debería haberlo tratado como a un enemigo, sin embargo, encontró amor. Cuando al que consideras como «el otro» no *te* ha tratado como «el otro», sino que se ha entregado a sí mismo por amor a ti, ¿cómo podrías tratarlo como a un enemigo? El temor y la inseguridad que generan la necesidad de proteger y justificar la autoestima desaparecerán.

En 2004, el cineasta holandés Theo van Gogh fue asesinado por un radical musulmán. A raíz de su muerte, tanto iglesias como mezquitas en Holanda experimentaron actos de represalia, entre ellos el atentado a una escuela islámica. Las múltiples manifestaciones de agresividad sacudieron a la nación holandesa que se enorgullecía de ser una sociedad pacífica

y abierta.[28] En este momento incendiario, un ministro protestante holandés, el reverendo Kees Sybrandi, hizo algo radical. Sybrandi era un holandés muy conservador y tradicional que vivía en una comunidad donde los inmigrantes pobres del Medio Oriente habían traído consigo mucha pobreza y crimen.[29] Pero esa semana, Sybrandi «caminó hacia la mezquita de su vecindario. Tocó fuertemente a la puerta, y para sorpresa de los musulmanes apiñados dentro, anunció que montaría guardia fuera de la mezquita todas las noches hasta que [...] cesaran los ataques. En los días y en las semanas que siguieron, el ministro exhortó a otras iglesias en el área y se unieron a él, rodeando y custodiando las mezquitas en toda la región por más de tres meses».[30]

¿Por qué Sybrandi habría hecho algo así? Un entrevistador intentó averiguarlo. ¿Acaso fue alguna experiencia la que efectuó el cambio? No. El ministro «no tenía historias que contar sobre amistades pasadas o conversaciones que hubiera sostenido con musulmanes». ¿Quizás los valores seculares y progresistas lo

habían ablandado? No. «El llamado del multicultu-
ralismo a la celebración de las diferencias tenía poca
influencia sobre su corazón». Entonces ¿qué había
logrado vencer su inherente tradicionalismo y su
temperamental actitud conservadora? «[Él] simplemente contestó: Jesús me mandó amar a mi prójimo
[e incluso] a mi enemigo».

Y ¿por qué Jesús ordenó algo así? Cristo nos dice
que debemos mostrar gracia para con otros porque
nosotros mismos hemos recibido gracia. En su parábola
del siervo despiadado, Él enseñaba que los cristianos
que saben que viven totalmente por la pura inmerecida
misericordia de Dios deben ser generosos, compasivos
y hospitalarios con todos los demás, aun con aquellos
que los ven como adversarios (Mat. 18:21-35).

Hacer justicia, predicar ira (Jon. 3:1-10)

La misión de Jonás a Nínive ofrece muchísimas lecciones prácticas para nosotros.

Una de ellas, es la lección sobre la *misión*.

El llamado de Jonás a dejar su tierra para predicar la Palabra de Dios no tenía precedentes en el Antiguo Testamento, pero es el mandato que Jesús da a todos los creyentes (Mat. 28:18-20). Si bien no todos somos llamados a ser predicadores, ni profetas o misioneros, todo creyente es llamado a *ir*. Esto significa estar dispuesto a dejar la seguridad con el fin de compartir las buenas nuevas de Jesús con otros. Esto puede o no puede implicar dejar la ubicación física y social, pero siempre implicará riesgo y vulnerabilidad.

La misión no solo es para una élite espiritual, ni para los que están bien descansados, ni para los que tienen facilidad de palabra, ni para los que tienen una personalidad extrovertida, ni para los que tienen formación teológica. La misión es para toda persona que le pertenece a Él. Precisamente porque Dios es por naturaleza un Dios que envía. Nunca nos llama para bendecirnos sin además enviarnos para ser una bendición para otros.

El primer y gran ejemplo de esto fue el padre de todos los fieles, Abraham. Dios vino y le dijo: «… Deja tu tierra, tus parientes y la casa de tu padre, y vete a la tierra que te mostraré. Haré de ti una gran nación, y te bendeciré [...] y serás una bendición [...] ¡por medio de ti serán bendecidas todas las familias de la tierra» (Gén. 12:1-3). Dios llamó a Abraham a dejar su cultura que le era conocida («tus parientes») y su seguridad personal y emocional («la casa de tu padre»). Es decir, Abraham fue llamado a dejar todo aquello de lo que dependía para su propósito y seguridad en la vida.

Aquí está una reseña de su vida:

«Ve». ¿A dónde? Te lo diré después. Solo ve.

(Génesis 12)

«Tendrás un hijo». ¿Cómo?
Te lo diré después. Solo confía.
(Génesis 15)

«Ofrece a tu hijo en uno de los montes de Moriah»
¿Por qué?
Te lo diré después. Solo sube.
(Génesis 22).

Podríamos responder que el llamado a las misiones (adentrarse en la incertidumbre y la inseguridad) para Abraham, que fue un antepasado excepcional, y para Jonás, que fue un profeta hebreo, no es para todos nosotros. Sin embargo, Hebreos 11:8-10 utiliza la respuesta de Abraham al llamado de Dios a dejar la seguridad como un modelo a seguir por todos los creyentes. El versículo 8 expresa que cuando Dios llamó a Abraham a salir, «...obedeció y salió sin saber a dónde iba». ¿Por qué lo hizo? El versículo 10 responde: «Porque esperaba la ciudad de cimientos sólidos, de la cual Dios es arquitecto y constructor». Únicamente el reino de Dios tiene «cimientos» que durarán. Únicamente la aprobación de Dios, la protección de Dios y la herencia eterna de Dios son permanentes. Así que si pensamos que podríamos quedar como tontos delante de alguien si compartimos nuestra fe, o si pensamos que las necesidades de un determinado ministerio o misión pueden requerir ofrendas económicas sacrificiales, y hacemos lo que es necesario, estamos respondiendo al mismo llamado que Dios hace a todos los creyentes a dejar la seguridad. El llamado tanto para Abraham como para Jonás, entonces, es un modelo a seguir por todos nosotros.

También hay una lección sobre las *ciudades*.

Jonás emprendió lo que podríamos llamar una misión urbana. Fue a una ciudad que era una de las más grandes del mundo en aquel entonces. Cuando Dios argumentó con él sobre las razones por las que debería estar profundamente preocupado por Nínive, citó el número de habitantes como una de las razones para la importancia de la ciudad y usó el término *adam*, la palabra para humanidad: «120 000 seres humanos o *adames*». Es como si Dios estuviera diciendo: «Me importan los seres humanos, entonces ¿cuánto más debería interesarme en alcanzar un lugar donde hay tantos reunidos?».

Este simple razonamiento es poderoso. A muchas personas no les gustan las ciudades, pero sí nos importan las personas, y si pensamos que la necesidad más grande de ellas es reconciliarse con Dios, entonces todos los cristianos debemos estar preocupados y apoyar el ministerio urbano cristiano en una u otra forma. En todo caso, Dios hace referencia al gran tamaño como un indicador de la necesidad espiritual, que nos impacta incluso con más fuerza. Al principio del siglo XIX solo el 5 % de la población mundial vivía en ciudades, pero para finales de ese mismo siglo el porcentaje había crecido al 14 %. El número hoy sobrepasa el 50 % y está en camino a un quizás 80 % para el año 2050.[31] En 1950 Schenzen, China, tenía una población de 3 148 000 y Kinshasa (entonces llamada Léopoldville), Congo, tenía 200 000. Para 2025 Naciones Unidas predice que las dos ciudades crecerán a 12 000 000 y 16 000 000 respectivamente. Durante ese mismo tiempo la población de Latinoamérica habrá pasado de ser menos del 40 % urbano a más del 80 %.[32] En el occidente, las ciudades están creciendo mucho más despacio, pero la mayoría está creciendo en sus centros, que atraen a jóvenes adultos y nuevos inmigrantes, y en general son más seculares y resistentes al testimonio cristiano que otros lugares.

Esta es «la mayor migración masiva de personas en toda la historia» y, como dos observadores internacionales lo señalan: «Hay un enorme desequilibrio en la proporción de recursos cristianos destinados a la presencia cristiana, el testimonio, y la misión en las enormes ciudades en crecimiento en el sur [del mundo]».[33] Sin duda Dios llama a los cristianos y a las iglesias a que vayan y vivan en todas partes donde haya personas, pero las personas en el mundo se están trasladando a las ciudades mucho más rápido de lo que la iglesia lo está haciendo.[34] «Este contexto puede darle una especial resonancia a la pregunta final que Dios le hace a Jonás: *¿no debería tener compasión por Nínive, esa gran ciudad...?*».[35]

Una de las razones por la que a los creyentes de hoy les desagradan las ciudades es porque a menudo son lugares que ofrecen gran oposición al cristianismo. Raras veces las ciudades son focos de la fe ortodoxa, y muchos jóvenes cristianos se mueven a las ciudades y pierden su fe. Algunos hoy creen que los cristianos deberían dejar estos centros de incredulidad.

Jonás fue llamado a tener compasión por una ciudad que era una amenaza para su pueblo (Jon. 4:11). Años más tarde, Dios hizo el mismo llamado a los creyentes a buscar el bien común de una ciudad pagana que ya había hecho mal a su nación (Jer. 29:4-7). El imperio babilónico había invadido y saqueado Jerusalén, llevándose a muchos al exilio. La estrategia de los babilonios era asimilar culturalmente a los judíos de modo que perdieran su fe, cultura y visión del mundo.[36] Para contrarrestar esta estrategia, hubo profetas como Jananías (Jer. 28:1-17), que exhortaron a los judíos a permanecer fuera de la ciudad. Este era un tipo de tribalismo en que se despreciaba y odiaba a la ciudad, y se trataba únicamente con ella en la medida necesaria para desarrollar su propia economía. Irónicamente, tanto la asimilación como el tribalismo son radicalmente egoístas. No hay amor para la ciudad: en ambos casos se utiliza a la ciudad para forjar riqueza, poder y posición social.

Dios rechaza tanto la asimilación como el tribalismo para Su pueblo. Prohíbe tanto mezclarse como apartarse. Más bien dijo:

Así dice el Señor Todopoderoso, el Dios de Israel, a todos los que he deportado de Jerusalén a Babilonia: «Construyan casas y habítenlas; planten huertos y coman de su fruto.

Cásense, y tengan hijos e hijas; y casen a sus hijos e hijas, para que a su vez ellos les den nietos. Multiplíquense allá, y no disminuyan. Además, busquen el bienestar de la ciudad adonde los he deportado, y pidan al Señor por ella, porque el bienestar de ustedes depende del bienestar de la ciudad» (Jer. 29:4-7).

Este debió haber sido un golpe tremendo. Algunos de los líderes de Babilonia tenían las manos manchadas con la sangre de parientes de los judíos. Los ídolos y los falsos dioses llenaban la ciudad. Pero Dios tuvo la audacia de decirles que se comprometieran a fondo con la ciudad, que buscaran la paz y la prosperidad de ella, sin comprometer sus creencias y fidelidad hacia Él. Ya fuere dejarse asimilar o apartarse, era fácil. Buscar el bien común, pero sin comprometer la fe y la práctica, es mucho más difícil. Con todo, ese es el llamado de Dios para Su pueblo.

Este modelo, de los exilados que debían buscar el bien común de su ciudad, es también el modelo que debía seguir la iglesia del Nuevo Testamento. Tanto

Pedro como Santiago llaman a los cristianos «expatriados» (Sant. 1:1; 1 Ped. 1:1, LBLA). Pedro usa *parapidêmos*, una palabra que significa «residentes extranjeros». *Parapidêmoi* eran ciudadanos de un país, pero residentes permanentes de otro. Los cristianos son ciudadanos de «la Jerusalén celestial» (Gál. 4:22-26; comp. Fil. 3:20, «somos ciudadanos del cielo»), pero también hemos de procurar, así como orar por el bienestar de nuestras ciudades terrenales.

Finalmente, hay una lección sobre la *justicia*.

Hemos visto que la predicación de Jonás a la ciudad de Nínive resultó no tanto en conversiones (aunque no podemos estar seguros que no hubo ninguna) como en reforma social. La sociedad que se caracterizaba por su brutalidad prometió abandonar su violencia (Jon. 3:8). Los mensajes de los profetas para las naciones gentiles consistieron, por lo general, de una denuncia de sus prácticas sociales de explotación y un llamado a ejercer justicia. ¿A qué se refiere la Biblia cuando llama a las personas a que «... ¡Busquen la justicia [...] reprendan al opresor!...» (Isa. 1:17)?

Se refiere a buscar un trato equitativo para todos. Levítico 24:22 dice a los creyentes que «una sola ley regirá, tanto para el nativo como para el extranjero...». Promovemos la injusticia si favoreces una raza o nacionalidad sobre otra, o a los ciudadanos sobre los inmigrantes. Un sinnúmero de otros textos bíblicos denuncia todo sistema judicial que se inclina para favorecer al rico mientras que le niega sus derechos al pobre (comp. Isa. 1:23-24).

Se refiere a tener una preocupación especial por los grupos que son económica y socialmente vulnerables. Proverbios 31:8-9 afirma: «¡Levanta la voz por los que no tienen voz! ¡Defiende los derechos de los desposeídos! [...] ¡Defiende a los pobres y necesitados!» (comp. Zac. 7:9-10). No dice: «¡Levanta la voz por los ricos y poderosos!», no porque no merezcan un trato equitativo, ciertamente lo merecen, sino porque la Biblia, en este caso, se refiere a distribuir el poder con aquellos que no lo tienen.

Por último, hacer justicia se refiere a una generosidad radical y general. Cuando Isaías 58:6 nos llama a «... romper las cadenas de injusticia y [...] poner en

libertad a los oprimidos», el siguiente versículo define eso como «… compartir tu pan con el hambriento y dar refugio a los pobres sin techo…». Cuando Job relataba sobre la espléndida vida que había tenido, expresó que no había puesto su confianza en el oro, sino que afirmó: «…'En ti confío'» (Job 31:24), y, más bien, compartió su pan, vestido y otras posesiones con los pobres (vv. 16-19). Es injusto no compartir con los pobres. Esta escasez de justa generosidad puede tomar otras formas. Explotar a tus empleados, pagarles un salario poco generoso se considera injusto (Isa. 58:6-7). Todo lo que tienes es solo porque Dios te lo ha dado y así lo ha dispuesto (1 Crón. 29:12-14). Por eso, no compartir lo que tienes con los que tienen menos, no llenar sus necesidades básicas humanas como comida, techo, salud y educación, es ser simplemente despiadado e injusto.

El Libro de Jonás muestra que para Dios es importante no solo la justicia, sino además la predicación del arrepentimiento y de Su ira. ¿Cómo, desde un punto de vista práctico, podemos combinar la evangelización y el hacer justicia?

Un modelo propuesto es ver estas dos cosas como «las dos alas de un avión». Aunque esa analogía expresa la necesidad de ambas alas, no describe cuán integrales son y cómo una lleva a la otra. Otro modelo ve ayudar al necesitado solo como un medio para alcanzar un fin. Damos cosas a las personas para que ellas se vuelvan a Cristo. Eso no concuerda con las enseñanzas de Cristo, que enfatizan que debemos dar sin esperar nada a cambio (Luc. 6:32-35) y que debemos responder a las necesidades de nuestros semejantes aun cuando no compartan nuestra fe (Luc. 10:25-37). Un tercer error es insistir en que hacer justicia es todo lo que debemos hacer para declarar las buenas nuevas de Dios, como si ayudar al marginado fuere lo mismo que evangelización. Ni deberíamos pensar que hacer justicia es algo opcional en que debemos ocuparnos si tenemos el tiempo y el dinero. Todos estos enunciados bastante comunes carecen de matización bíblica.

Tenemos que reconocer que, en vista que todos nuestros problemas sociales provienen de nuestro alejamiento de Dios (Gén. 3.1-17), lo más radical y

amoroso que podemos hacer por una persona es verla reconciliarse con Él. Sin embargo, aunque predicar el arrepentimiento es fundamental, el hacer justicia no debe separarse de la predicación. Si se tiene una nueva relación con Dios, esta debe afectar todas las demás relaciones. Los profetas del Antiguo Testamento solían declarar con regularidad que, aunque se fuera una persona religiosa y aunque orara y ayunara, si no hacía justicia, su religión era falsa (Isa. 58:1-7). Isaías declaró que si no se preocupaban por los indefensos (Isa. 29:21), entonces podían resultar honrando a Dios con sus labios, pero su corazón estaría lejos de Él (Isa. 29:13).

El Nuevo Testamento no es diferente. Al igual que los profetas, Jesús condenó a las personas que pronunciaban largas oraciones, pero explotaban al pobre (Mar. 12:38, 40). Asimismo 1 Juan 3:17-18 y Santiago 2:14-17 establecen que si alguien dice que tiene fe en Jesús, pero ve a alguien que «no tiene con qué vestirse y carece del alimento» y no hace nada para darle «lo necesario para el cuerpo», tal fe «está muerta». Es decir, que la compasión para los pobres es una señal imprescindible de una relación viva con Dios y una experiencia de Su gracia. Aunque no origina el favor y la aceptación de Dios, es un claro síntoma de haber experimentado Su amor. Aquellos que de verdad saben que tienen vida eterna, solo por la gracia gratuita y generosa de Dios, serán generosos.

Así que predicar el arrepentimiento es fundamental, pero hacer justicia no puede separarse de la predicación. Esta combinación de hacer justicia y predicar juicio, y por ende ofrecer gracia, va de la mano no solo teológica y filosóficamente, sino además en la práctica.

Cuando el mundo ve a la iglesia que evangeliza y que la gente se convierte, lo único que ve es que aumenta nuestra tribu y se incrementan nuestros números y nuestro poder. Cuando ve que respondemos sacrificialmente a las necesidades de nuestros semejantes, *ya sea que crean como nosotros o no*, entonces quizás empiece a ver que los creyentes estamos motivados más por el amor que por el deseo de acumular poder. En la teología cristiana, nuestra creencia en un Dios de juicio y de gracia es el fundamento para

hacer justicia en nuestra sociedad. Ante los ojos de quienes están fuera de la iglesia, hacer justicia por parte de los cristianos es lo que hace posible creer en el evangelio. Hacer justicia para nuestros semejantes, ya sea que crean en Cristo o no, paradójicamente, es una de las mejores recomendaciones sobre la fe. Al igual que Jesús, debemos ser poderosos en obras y en palabras (Luc. 24:19).

Van también de la mano filosóficamente. Nuestra cultura occidental es secular, en general cree que los valores morales están construidos socialmente y no dados por Dios. Como se suele afirmar: «Nadie tiene derecho a decirle a otro lo que está bien o mal». Es un hecho cultural que todo individuo determina sus propios valores morales. A pesar de esto, se cree igualmente que todos están obligados a apoyar la igualdad de derechos, la justicia para todos y el cuidado de los pobres. Esta es una de las grandes contradicciones de nuestra sociedad hoy. Insiste que toda moralidad es relativa y luego demanda comportamiento moral. Qué pasa si alguien tiene la osadía de preguntar: ¿Por qué debería sacrificar mi tiempo y mi dinero por pueblos lejanos que se mueren de hambre? ¿Por qué tendría alguna obligación de aceptar a personas de otras razas y creencias? ¿Por qué debería ser generoso? La cultura solo puede manejar dos respuestas, y ambas son inadecuadas. La primera respuesta es que hacerlo así responde a tus propios intereses egoístas. Muchos pensadores han señalado que es una insensatez justificar el comportamiento sacrificial alegando intereses pragmáticos personales. La otra respuesta es que esos valores son evidentes, saltan a la vista, pero para muchas personas en el mundo no lo son.

Estas creencias modernas, que debemos estar comprometidos con la igualdad de derechos y la justicia, pero que no hay absolutos dados por Dios, se debilitan mutuamente. La educación secular moderna enseña a todo niño que debe ser honesto consigo mismo, que debe identificar sus más profundos deseos y sueños y tratar de alcanzarlos, y no dejar que la familia, la comunidad, la tradición ni la religión se interpongan en su camino. Luego, exige justicia, reconciliación y benevolencia, que son formas básicas de autonegación, aun cuando favorece la afirmación

personal. Enseña el relativismo y exige que las personas sean éticas. Anima al egoísmo y exige que las personas se sacrifiquen. Como acertadamente lo expresó C. S. Lewis:

> *Seguimos clamando por aquellas cualidades que hacemos imposibles [...]. Con una especie de atroz simplismo, extirpamos el órgano y exigimos la función [...]. Les extirpamos el corazón y esperamos de ellos virtud y arrojo. Nos burlamos del honor, pero luego nos sorprende descubrir traidores entre nosotros. Castramos y esperamos fertilidad.*[37]

Los cristianos pueden hacer una contribución importante en este aspecto. El filósofo Charles Taylor, en su libro *Fuentes del yo: La construcción de la identidad moderna*, señala que la sociedad moderna es «incoherente al nivel más profundo» con respecto a la moralidad.[38] Nuestra cultura exige benevolencia imparcial hacia todas las personas, justicia social para todas las clases oprimidas y la reducción del hambre, la enfermedad y el sufrimiento alrededor del mundo, «aunque [al mismo tiempo] en principio niega que este tipo de valor moral sea distinto de una preferencia arbitraria y subjetiva».[39] Un crítico de *Fuentes del yo*, él mismo un ateo, admitió que la tesis de Taylor lo hizo sentir bastante incómodo. Escribió:

La perseverancia en la virtud [...] exigirá del autosacrificio. Y el autosacrificio parece exigir alguna justificación o motivación transcendental, entre ellas la más común, y quizás la más lógica, es la creencia en la existencia de Dios. O así lo afirma Taylor, con mesura. Puesto que la libertad moderna implica el rechazo de lo transcendente, la virtud moderna es totalmente contingente. ¿Podemos ser buenos durante mucho tiempo sin Dios? Las dudas que expresa Taylor son sobrecogedoras.[40]

Sin duda, los cristianos comparten todos estos compromisos morales: los derechos humanos, la igualdad de la dignidad humana, la bondad universal y los intereses por los pobres. Ciertamente, es una creencia general que esos valores fueron importados por la sociedad moderna y secular desde la Biblia. Los

cristianos tienen los recursos para «la perseverancia en la virtud» y el autosacrificio. Ellos no proceden únicamente de la creencia en Dios y la vida eterna, sino de cada característica del evangelio cristiano: La encarnación de Cristo, Su muerte expiatoria en la cruz y la esperanza de la resurrección. Cuanto más los cristianos hagan uso de estos recursos y amen a sus semejantes, más fuerte puede ser la sociedad.

❦

CAPÍTULO 12

NUESTRA RELACIÓN CON LA GRACIA DE DIOS

Huir de la gracia (Jonás 2:1-10)

Uno de los mensajes de este libro es que nadie, ni siquiera un profeta exitoso (o predicador), puede permanecer a ciegas en cuanto a la gracia. Los temores, los prejuicios y el colapso emocional surgieron de su ceguera a la realidad de la gracia. En el capítulo uno, huyó porque concluyó que la gracia y la misericordia de Dios eran un misterio inexplicable. En el capítulo dos, en el vientre del pez, lo encontramos luchando con ese mismo misterio. Solo cuando avanzó en su comprensión sobre la gracia es que fue liberado. Solo entonces se convirtió en un predicador valiente. El propósito principal de Dios es que Jonás comprendiera

la gracia. El propósito principal del Libro de Jonás es que *nosotros* comprendamos la gracia.

Si Jonás no comprendió el misterio de la gracia de Dios, ciertamente es posible que tampoco nosotros lo comprendamos. La ignorancia de la profundidad de la gracia de Dios causa nuestros más graves problemas. Hasta que comprendamos esto, somos, al igual que Jonás, como una sombra de lo que podríamos y deberíamos ser. La doctrina de la gracia de Dios es la que nos pone a los cristianos aparte de las otras fes. Es el mensaje central: el «evangelio». «Este evangelio está dando sus frutos y creciendo en todo el mundo, como también ha sucedido entre ustedes desde el día en que supieron de la gracia y la comprendieron plenamente» (Col. 1:6).

Es la comprensión de la gracia lo que hace cristiana a una persona y no solo que sea una persona moral, religiosa o agradable. Esta es una verdad que, cuando se comprende, es electrizante. Cuando Martín Lutero finalmente la comprendió, pasó de ser un profesor de seminario, ansioso y lleno de culpa, a ser

un león listo para enfrentar al mundo entero por sí solo. Escribió:

> *La fe es una viva e inconmovible seguridad en la gracia de Dios, tan cierta de Su favor que un hombre moriría mil veces por ella. Y tal seguridad y conocimiento de la gracia divina hace al hombre feliz, alegre y fuerte en su relación con Dios y con todas las criaturas, que es lo que realiza el Espíritu Santo por medio de la fe. Por eso, libremente, de buen grado y con alegría haces el bien, sirves a todos, sufres de todo, por amor y alabanza a Dios que te ha mostrado tal gracia.*[1]

La comprensión de la gracia de Dios es la que hace posible tomar una postura tan dura. Dietrich Bonhoeffer, al tratar de entender cuánto estaba dispuesta la iglesia alemana a aceptar a Hitler, identificó el problema como «gracia barata».[2] Ellos creían que Dios los amaba a pesar de sus pecados, pero eso llevó a una actitud que a la postre no importaba cómo vivían. Levantarse contra Hitler en esa época habría sido peligroso. Por eso, muchos razonaron: «Tal vez sea cobardía, tal vez esté mal. Pero Dios lo pasará por alto. Él nos acepta pese a nuestro pecado». Asimismo, Heinrich Heine, escritor del siglo XIX, es conocido por haber dicho cuando moría: «Dios me perdonará, es su oficio».[3] Si crees que Dios nos perdona y pasa por alto el pecado con indiferencia, entonces tomarás el pecado a la ligera porque al parecer Dios lo hace también. Sin embargo, si comprendes que nuestra salvación le costó a Jesús Su gloria en los cielos y Su vida en la tierra, lo que implicó sufrimiento inimaginable para Él, entonces empezarás a entender que la gracia no es barata, sino costosa (Fil. 2:1-11).

A menos que consideremos lo que le costó a Él salvarnos, no nos alegrará obedecerlo y servirlo, sin importar el costo para nosotros. Packer escribió:

Quienes suponen que la doctrina de la gracia de Dios tiende a favorecer la laxitud moral [...] simplemente demuestran que, en el sentido más literal, no saben lo que están diciendo. Porque el amor despierta amor a su vez; y el amor, una vez que ha despertado, desea complacer.[4]

Y ¿qué complace a Dios? Cuando dejamos de jactarnos sobre nuestra sabiduría humana, poder o riqueza; cuando no construimos nuestra identidad sobre ellos, sino que empezamos a vivir con generosidad, justicia y derecho. «Pues es lo que a mí me agrada—afirma el Señor—» (Jer. 9:23-24).

Es la comprensión de la gracia de Dios, la que quita nuestras cargas. La gente religiosa a menudo invita a los no creyentes a convertirse, llamándolos a que adopten una nueva serie de conductas y nuevas prácticas rituales, y al mismo tiempo a que redoblen sus esfuerzos para vivir una vida virtuosa. Eso, sin embargo, es imponer más cargas a las personas. Los fariseos hicieron precisamente eso, impusieron «cargas pesadas y difíciles de llevar» sobre las personas (Mat. 23:4, LBLA), y por eso se hundieron. Las demás religiones ponen sobre las personas la carga de asegurar su propia salvación, mientras que Dios ofrece una salvación inmerecida a través de Su Hijo (comp. Isa. 46:1-4). Aunque el evangelio debe llevar a una vida transformada, no son esos cambios los que te salvan.

Un grupo de jóvenes alrededor de John y Charles Wesley en la década de 1730 se esforzaban por conocer y servir a Dios. Iniciaron leyendo en voz alta el *Comentario sobre la carta a los Gálatas* de Martín Lutero. Una noche, uno de aquellos jóvenes, William Holland, tuvo una experiencia de la gracia, sobre la cual escribió posteriormente.

> *El señor Charles Wesley leyó el prefacio en voz alta. Al oír las palabras: «¡Qué!, entonces no tenemos nada que hacer? ¡No! Nada, sino solo aceptarlo, a quien Dios ha hecho nuestra sabiduría, es decir, nuestra justificación, santificación y redención», vino tal poder sobre mí que no lo podría describir con bastante exactitud; mi pesada carga se desplomó en un instante; mi corazón se llenó con tanta paz y amor que me eché a llorar. ¡Casi pensé que había visto a nuestro Salvador! Mis compañeros, que me vieron tan conmovido, cayeron sobre sus rodillas y oraron. Cuando posteriormente salí a la calle, apenas podía sentir el suelo que pisaba.*[5]

El mismo Charles Wesley tuvo una experiencia similar, también mediante los escritos de Lutero. Y lo expresó así:

En vil prisión mi alma padeció,
atada en pecado y oscuridad;
pronto en mi celda resplandeció
la clara luz de su verdad,
Cristo las férreas cadenas destruyó,
quedé ya libre ¡Gloria a Dios! [6]

La gracia se convierte, por decirlo de algún modo, en la música de fondo en tu vida. Si esa es la canción que entona tu corazón la mayor parte del tiempo, eso te cambia (Ef. 5:19-20).

¿Cómo puede ser Dios tan misericordioso, paciente y compasivo? Una pista de la respuesta está intercalada en la oración de Jonás, cuando...

...desde el vientre del Seol clamé, y tú escuchaste mi voz. Porque me arrojaste a lo profundo [...], todas tus olas y tus ondas pasaron sobre mí [...]. He sido expulsado de tu presencia... (Jon. 2:2-4).

«Seol» es el lugar del castigo divino y la muerte.[7] Jack Sasson afirma que hablar como si ya se estuviera en un lugar así expresa angustia y dolor extremos. La metáfora es «exclusiva de Jonás y expresa desesperación de los más oscuros matices».[8] Jonás sabía que su sufrimiento era un castigo, que su pecado lo había expulsado de la presencia de Dios.

Cuando Jesús se llamó a Sí mismo «uno más grande que Jonás», se refirió a los tres días y tres noches de Jonás en lo profundo (Mat. 12:40-41). Porque en la cruz Jesús recordó el sufrimiento de Jonás, pero a un grado infinitamente mayor cuando gritó: «—Elí, Elí, ¿lama sabactani? (que significa: 'Dios mío, Dios mío, ¿por qué me has desamparado?')» (Mat. 27:46). Jonás fue arrojado a lo profundo de los mares para salvar a los marineros, pero Jesús fue a lo profundo de la muerte y la separación de Dios, el mismo infierno, para salvarnos. Jonás es aplastado bajo el peso de «tus olas y tus ondas» (Jon. 2:3) de las «aguas» de Dios (v. 5), pero Jesús fue sepultado bajo las olas y las ondas de la ira de Dios. Jonás expresó que estaba en el Seol y había sido expulsado de la presencia de Dios. El credo de los Apóstoles afirma que, por amor a nosotros, Jesús «descendió a los infiernos». Una explicación clásica de esa frase:

> *Lo cierto es que el credo [de los Apóstoles] establece que Cristo padeció públicamente a la vista de todos los hombres, y luego con mucho acierto se refiere al juicio invisible e incomprensible que sufrió en la presencia de Dios, para que sepamos que no solamente el cuerpo de Cristo fue entregado como precio de nuestra redención, sino que pagó un precio mucho mayor y más excelente al padecer en su alma los terribles tormentos de un hombre condenado y abandonado.*[9]

Sea cual sea tu problema, Dios lo resuelve con Su gracia. La gracia de Dios quita la culpa para siempre. Quizás estés con remordimientos por el pasado o quizás estés viviendo con un sentimiento de gran fracaso. No importa lo que hayas hecho. Si fueras cien veces peor de lo que eres, tus pecados no se igualarían a Su misericordia. Hay un himno que dice: «Bien podría el Acusador rugir/los pecados que he cometido/veo todos y miles más», pero si en Cristo estás, «Jehová no conoce ninguno».[10]

La gracia elimina el temor al fracaso, el cual puede haber sido parte del problema de Jonás. Así que, muchos de nuestros más profundos deseos de tener éxito son solo formas de ser para nosotros mismos, lo que Cristo debería ser para nosotros. En verdad, estamos afirmando: «¡Si logro esto, entonces soy digno de ser aceptado!». Sin embargo, cuando dejamos de buscar ser dignos de aceptación, dejamos de tener miedo. Nos volvemos valientes sin volvernos rebeldes.

La salvación pertenece al Señor; es de Él. No es parcialmente tuya y parcialmente Suya. La salvación es de Él. Si piensas: «Ojalá fuera más digno», todavía no la comprendes. Él es tu dignidad. Si expresas: «Lo quiero en mi vida, pero no lo veo actuando en ella», todavía no entiendes cuán fundamental es Su gracia. Si la deseas en lo más mínimo, eso implica que Dios está actuando en tu vida. Tú no eres capaz de desearlo a Él por tu propia cuenta. La salvación es del Señor.

Las tormentas del corazón (Jonás 4:1-3)

Hemos visto que Jonás dio un paso atrás al volver a enojarse debido a una excesiva preocupación por el futuro político de su nación. Uno podría afirmar que había caído en una especie de partidismo extremo, en que prefería ver a la gente destruida y perdida espiritualmente en tanto beneficiara a su país. También podríamos afirmar, como lo han hecho otros, que Jonás, en el mejor de los casos, era un jingoísta y, en el peor, un racista. El riesgo de hacerlo así es que, mientras tal denuncia nos hace sentir virtuosos, también debemos hacer justicia al amor legítimo por la patria y al cariño por la gente y la propia cultura, lo que es bueno.

El conjunto de ensayos *Los cuatro amores* de C. S. Lewis es famoso por lo que expresa sobre los temas de la amistad y el sexo. Es menos conocido por su planteamiento sobre el patriotismo. Lewis había servido a su país en la Primera Guerra Mundial. Fue herido y había perdido compañeros. Se sentía orgulloso y amaba a su nación y su tierra. Con todo, empezó su análisis sobre el «amor a la patria» con la siguiente afirmación: «Todos sabemos ya que el amor a la patria, cuando se convierte en un dios, se vuelve un demonio».[11] Lewis se refería al nazismo, una forma de intenso patriotismo que se había vuelto en algo diabólico.

Lewis expresó que, como una reacción a los horrores de un nacionalismo exagerado que visitaron el mundo, «algunos incluso supusieron que ese [amor a la patria] nunca [fue] nada más que un demonio». Sin duda, hoy en la cultura occidental ese sentimiento ha crecido. En muchas universidades casi toda expresión de orgullo nacional se percibe como fascismo y/o racismo. Pero Lewis rechazó el antipatriotismo solo como otra forma de extremismo. Los que consideran el amor a la patria como siempre tóxico «entonces tendrían que desechar casi la mitad de la hermosa poesía y la mitad de las acciones heroicas que nuestra raza ha logrado». Luego añadió que «ni siquiera podríamos conservar el lamento de Cristo por Jerusalén [donde] Él también [demostró] amor por Su patria».[12]

Más bien, Lewis nos lleva sabiamente a dividir el patriotismo o el amor a la patria en varios aspectos o elementos, algunos de los cuales tienen menos probabilidades que otros de llevarnos a la crueldad y la opresión.

El primer elemento es el «amor a la tierra donde nacimos»: el amor a los lugares donde crecimos, a los tipos de personas que viven allí, a los paisajes, a las imágenes y los sonidos, a la comida y a los olores familiares. Lewis pensaba que este tipo de amor a la tierra es el menos probable que produzca animosidad hacia los que son diferentes. Valorar las cosas que hacen tu tierra especial te ayuda a pensar que otros aman a sus diferentes lugares de la misma manera.

El segundo elemento del amor a la patria es «una especial actitud respecto al pasado de nuestro país [...] las grandes hazañas de nuestros antepasados». Lewis expresó que esto ya representaba un peligro porque nos sentimos tentados a retocar nuestra historia y esconder «la verdadera historia de todos los países, que está llena de sucesos despreciables y hasta vergonzosos». Cuando esto sucede, perdemos el sentido de que nuestra nación, y nuestra cultura, como todas las demás, son una mezcla de buenas y malas personas y componentes. Aquí es donde un sentido de superioridad nacional puede empezar a formarse, junto con la posibilidad de creer que *nuestra raza* hereda esta superioridad automáticamente.[13]

Lewis creía que cuando una nación intencionalmente omite y borra sus delitos históricos, esto puede llevar, por último, a sentimientos conscientes y deliberados de superioridad racial. Recordaba cuando escuchó a un hombre explícitamente expresar la superioridad inglesa con respecto a otros países y culturas. Lewis respondió, quizás con un toque de humor que, a todo país le gusta pensar que su gente es la más valiente y hermosa en el mundo, a lo cual el hombre replicó sin la más mínima ironía: «Sí, pero en Inglaterra eso es verdad».[14] Aquí, declaró Lewis que estábamos a la puerta del racismo y la opresión. «Si la causa de nuestro país es la causa de Dios, las guerras tienen que ser guerras de aniquilación. [Esto es lo que sucede cuando] se da una espuria trascendencia a cosas que son exclusivamente de este mundo».[15]

La etapa final de este camino, el cual inicia con el amor saludable por nuestro hogar y país hasta convertir en dios a nuestra raza y país, se da cuando una raza o un país usa la premisa de su superioridad como base para la crueldad, la opresión, la exclusión e incluso la exterminación. «Perros, reconozcan a sus superiores».[16]

El camino, a partir de un amor saludable hasta un patriotismo tóxico que Lewis planteaba, tiene varias etapas, y al parecer Jonás se movió a través de ellas. La historia nos ha enseñado que Asiria, con el tiempo, destruyó las diez tribus del norte de Israel. Así que los temores de Jonás no fueron infundados. Sin embargo, Dios lo había llamado para que pusiera Su Palabra y el bien espiritual de la gente antes que los intereses de Israel.

El amor de Jonás por su pueblo y su patriotismo, que eran buenas cosas, se deterioró. Su amor hacia su pueblo se había convertido en intolerancia, y ya, sin la esperanza de que Israel ganara esta lucha para llegar a ser una potencia mundial, su vida había perdido todo significado. En tanto que su servicio a Dios se adecuara a las metas que tenía para Israel, no le importó servirlo. Pero tan pronto tuvo que escoger entre el Dios verdadero y el dios al que realmente adoraba, se encendió en ira contra el Dios verdadero. La específica identidad nacional era más esencial para su autoestima que su papel como un siervo del Dios de todas las naciones. El verdadero Dios había sido solo un medio para un fin. Jonás usó a Dios para servir al dios que realmente adoraba.[17]

La raza y la nación son solo dos de un sinnúmero de cosas buenas que pueden convertirse en ídolos. El filósofo Paul Tillich sostenía que todos debemos vivir para algo a fin de que la vida tenga significado o propósito, y sea lo que sea *ese algo*, se convertirá en «el fin último». Por lo que Tillich dudaba que fuera posible un verdadero y consumado ateísmo. Sostenía que, si no llamas dios a lo que consideras el significado o el propósito de tu vida, todavía funcionará como tal y por lo tanto la vida de toda persona está basada en la fe.[18] En la misma línea, el novelista posmoderno David Foster Wallace afirmó que en la vida cotidiana «no hay posibilidad de ateísmo, no hay nada que no implique adoración» y añadió que «donde [quiera] que asignes el verdadero significado en la vida», se trate de tener suficiente dinero, ser atractivo y bello (o tener una hermosa pareja), que piensen que eres inteligente o que promueves alguna causa política, «todos adoramos. La única elección que tenemos es qué adoramos». Wallace sabía que las personas modernas y seculares negarían fuertemente lo que adoraban, pero compararía esta negativa con la de los adictos. «Lo insidioso», afirmó, es que estas clases de adoración (dinero, poder, fama, arte, ciencia, progreso, etc.) «son inconscientes. Son configuraciones predeterminadas».[19]

Para qué vives determina qué adoras, a qué le perteneces. En realidad, no tienes el control de tu vida, porque aquello para lo que vives y amas es lo que tiene el mayor control.

¿Cómo podemos identificar estas «configuraciones predeterminadas» que pueden distorsionar nuestras vidas, como lo hicieron con la de Jonás? Piensa en aquellas oraciones que no han sido respondidas o aquellos sueños que no se han realizado. Cuando Dios no las cumple, ¿luchas con la desilusión, pero luego sigues adelante? O ¿te examinas y aprendes lecciones y haces cambios, y luego sigues adelante? O ¿sientes como Jonás que «la muerte es mejor que la vida» (Jon. 4:3)? La diferencia puede indicarte si estás tratando con un amor normal en tu vida o con un ídolo.

Una vez que las identificamos, ¿cómo podemos cambiar estas configuraciones predeterminadas? Lo único que nos libera de la garra de los ídolos es un corazón que comprende la gracia radical de Dios. Jonás estaba a punto de comprender esto por primera vez. En 2:8 se refirió a los idólatras paganos y afirmó: «Los que se aferran a ídolos abandonan la gracia que es *suya*». Literalmente, se refirió a los idólatras que renunciaban a *su propia gracia*. Por un momento entendió, porque es como si estuviera diciendo: «Ahora veo que la salvación es del Señor, que es solamente por Su gracia gratuita y misericordia, y por eso nadie es diferente. ¡La gracia de Dios es tanto para los que son moralmente buenos como para los paganos malvados! Todos somos indignos, pero todos podemos recibirla». Si el profeta hubiera comprendido esta idea plenamente, lo hubiera depurado de su fariseísmo que se impuso nuevamente después de que Nínive se salvó.

Habría moderado su amor a la patria haciéndolo una buena cosa y no el fin último, y así su decepción que vemos en el capítulo cuatro no habría llegado al extremo de querer morirse.

Al final del capítulo dos, parecía que Jonás estaba a punto de realizar el cambio de una identidad moralizadora a una identidad compasiva. Resultó que era un tanto como el hombre que necesitaba ser tocado por Jesús más de una vez (Mar. 8:23-25). Casi todos somos como Jonás. Debemos exponernos muchas veces a la gracia de Dios, que suele venir a través de experiencias de desilusión y fracaso, y al mensaje del evangelio. Hacer descender el amor de Dios y la gracia de Cristo hasta los fundamentos que determinan las acciones de nuestros corazones, hasta la capa fundamental de nuestras identidades, es un proceso, y a menudo un proceso lento.

¿Cómo podemos liberarnos de nuestros ídolos, de querer salvarnos a nosotros mismos y de querer agradar a Dios por nuestros propios medios, que son tan frágiles y sujetos a las circunstancias? Solo es a través de la gracia de Dios, que nos duele en lo más hondo del alma (Hech. 2:37), pero nos levanta más alto que los cielos (Ef. 1:3-10), que proporciona una sólida base para nuestra felicidad e identidad en el amor inmutable del Padre. El evangelio nos ofrece el prospecto de una autoestima que *no se alcanza, sino que se recibe*. Aunque nos identificamos con nuestra raza, nacionalidad, sexo, familia, comunidad y otras conexiones, lo más fundamental sobre nosotros es que somos pecadores salvos por pura gracia. En nosotros mismos estamos perdidos, somos imperfectos e indignos, pero en Cristo no solo somos aceptos, sino que Aquel a quien adoramos en el universo se complace en nosotros.

Por una parte, esta identidad que se recibe acaba con nuestro orgullo y nos hace humildes. ¿Cómo podemos sentirnos superiores a alguien más si nuestra posición delante de Dios es solo por las riquezas de la gracia y a expensas de Cristo? Por otra parte, estamos absolutamente seguros del inmutable e infinito amor de Dios al presentarnos en Cristo. «Por lo tanto, ya no hay ninguna condenación para los que están unidos a Cristo Jesús» (Rom. 8:1). No es necesario inflar nuestra propia imagen para excluir a otros.

El carácter de la compasión (Jonás 4:4-11)

Dios no trató de liberar a Jonás de su pretensión de superioridad moral con solo unas palabras. No debemos olvidar que le envió dificultades y desilusiones al profeta. En la primera ocasión envió una tormenta potencialmente mortal. En la segunda ocasión le quitó la planta que le había dado solaz. Algo que amaba se marchitó y murió. ¿Por qué Dios haría algo así? Porque estaba siendo misericordioso y por eso llevó a cabo la cirugía espiritual que Jonás necesitaba para remover los ídolos de su corazón. John Newton escribió todo un himno sobre este texto donde Dios marchitó esta enredadera, que aquí la llamó «calabacera».

> *Rogué al Señor que pudiera crecer*
> *En toda gracia, en fe y en amor,*
> *Que pudiera conocer más de Su salvación;*
> *Y buscar Su rostro con más fervor...*

Esperaba que, en alguna buena hora,
Respondería al instante mi oración,
Y mediante el gran poder de Su amor
Anular mi pecado y darme descanso.

En su lugar, me hizo sentir
Los males ocultos en mi corazón;
Y del mismo infierno su furor
Dejó mi alma padecer.

Aún más, con Su propia mano parecía
Decidido a agravar mi aflicción;
A estorbar mis planes trazados,
A marchitar mi calabacera, y humillado me dejó.

«—¿Por qué, Señor—» con temblor clamé
«—perseguirás a este gusano hasta morir?».
«—De esta forma—» respondió,
«—He respondido por gracia y fe tu oración.

Con estas pruebas internas busco
Liberarte de tu egoísmo y orgullo;

Destrozar tus planes terrenales de gozo,
Y que encuentres en mí tu todo».[20]

Este himno extraordinario es casi un comentario al diálogo final entre Jonás y Dios. Jonás, al igual que todo profeta del Señor, sin duda quería crecer en carácter y quería que Dios lo ayudara. Dios, por el contrario, parecía estar persiguiéndolo con desilusión y desastre. Dios «marchitó su calabacera», no solo la literal que le había dado sombra y solaz, sino una más grande: su pasión por la prosperidad y el éxito de su nación; y la más grande de todas: su orgullo y su propia justicia.

¿Por qué Dios le habría enviado una avalancha de desilusiones? «De esta forma» le dijo el Señor: «Estoy *respondiendo* por gracia y fe tus oraciones. Solo estoy intentando liberarte de las cosas que te esclavizan, te motivan y te controlan. ¿Acaso no ves que, si me amas de una manera suprema, más que a cualquier otra cosa, serás verdaderamente libre? Encuentra tu todo en mí».

Este llamado de Dios a Jonás es un llamado a todos nosotros. Es un proceso doloroso encontrar nuestro todo en Él, pero es el único camino al verdadero gozo. Así que no nos compadezcamos de nosotros mismos. Jesús recorrió un camino infinitamente más doloroso «por el gozo que le esperaba» (Heb. 12:2), por el gozo de deleitar a Su Padre y redimirnos, Sus hermanos y hermanas (Heb. 2:10-15).

Los versículos finales del libro nos dicen que la característica de los que se han sumergido en la gracia de Dios es la compasión y el amor, no el desprecio por las personas que no son como ellos. Dios desafió a Jonás por confrontar sin lágrimas y sin compasión a los profanos e impíos. Sin duda el error y el mal deben denunciarse. Sin embargo, Dios es tanto justo como amoroso, y reprendió a Jonás por predicar sin amor a la ciudad.

Vivimos en un mundo fragmentado en diversas «burbujas de los medios de comunicación», en que oímos solo noticias que confirman lo que ya creemos. Todo el que usa la internet y los medios de comunicación social o que ve la mayoría de los nuevos canales, se le anima diariamente de muchas maneras a ser como Jonás en cuanto a «los que son diferentes». Los

grupos demonizan y se burlan de otros grupos. Cada región del país y partido político encuentra razones para despreciar a los otros. Los creyentes cristianos están siendo arrastrados en esta vorágine tanto como los demás, si no más que nadie. El Libro de Jonás es un tiro de advertencia. Dios pregunta: ¿Cómo podemos mirar a alguien, incluso a los que tienen creencias y prácticas opuestas, sin ninguna compasión?

Si tu compasión va a reflejar la de Dios, debes abandonar tu cómodo mundo de protección personal. La compasión de Dios supuso que Él no pudo permanecer sobre el círculo terrestre y solo sentir lástima por nosotros. Él bajó, asumió la naturaleza humana, literalmente se puso en nuestros zapatos y caminó con nosotros. Si tienes un amigo que está pasando por un difícil momento, no te ocupes tanto que no puedas pasar tiempo con él. Camina con él a través de su sufrimiento. Sin duda vas a llorar. ¡Va a doler! Eso es precisamente lo que hizo Dios por ti.

¿QUIÉN CONTÓ
LA HISTORIA?

Somos llamados a una misión, a volvernos vulnerables a fin de compartir nuestra fe y amar a nuestros semejantes. Eso fue lo que Dios hizo en Jesucristo, y eso es lo que eventualmente hizo Jonás. Él fue a Nínive y predicó. Pero en su ira, se retiró. Permaneció fuera de la ciudad con la esperanza de ver su caída. ¿Falló al final?

Como hemos visto, el libro termina con un final abierto y de máximo suspenso. Nunca se nos dice cómo respondió el profeta a la apelación final de Dios. Sin embargo, propongo que hagamos una conjetura razonable sobre la respuesta final de Jonás. ¿Cómo sabemos que Jonás era tan recalcitrante, rebelde e igno-rante? ¿Cómo sabemos que pronunció las inverosími-les palabras de «detesto al Dios de amor»? ¿Cómo sabemos sobre su oración dentro del pez? La única manera que podríamos posiblemente saber estas cosas es si Jonás se las contó a otros. ¿Qué clase de hom-bre dejaría que el mundo viera lo necio que era? Solo alguien que con alegría había llegado a estar seguro del amor de Dios. Solo alguien que creía que era al mismo tiempo un pecador, pero plenamente acepto. En resumen, alguien que encontró en el evangelio de la gracia el mismo poder de Dios (Rom. 1:16).

Si esto pudo cambiar a Jonás, puede cambiar a toda persona. Puede cambiarte a ti.

RECONOCIMIENTOS

Aunque mi esposa Kathy no es coautora de este libro, ella ha sido la fuerza principal detrás de su publicación. Prediqué a través del Libro de Jonás en tres series de sermones, una vez en 1981, otra vez en 1991 y la última vez en 2001. Solo Kathy los escuchó todos, y por años había querido ponerlos en forma de libro. Es difícil convertir una serie de presentaciones orales, cada una de ellas específica para los oyentes reunidos ese domingo, en una narrativa continua escrita en la que no se pueden presentar las numerosas y diversas líneas de aplicación a los temas y problemas contemporáneos. Ella me obligó a empezar de cero más de una vez, y trabajó con el manuscrito a través de cada etapa de la edición.

Este es el primero de mis libros dedicado a una figura «histórica»: el reverendo John Newton. Él creció en un hogar cristiano, pero abandonó la religión y se convirtió en un comerciante de esclavos, huyendo tenazmente de Dios. Pero durante una dramática tormenta en el Atlántico, oró y así inició el recorrido hacia una fe vibrante. Al igual que Jonás, fue a predicar a una gran ciudad. Con el tiempo, se convirtió en un sacerdote anglicano evangélico prominente en Londres. Kathy y yo hemos descubierto que sus cartas pastorales no tienen parangón. Su sabiduría práctica, su profundidad teológica y su centralidad en la gracia nos han ayudado una y otra vez a través de los años, algunas veces en los momentos más oscuros.

Quiero, como siempre, agradecer a todas aquellas personas que me proveyeron de espacios y lugares para trabajar y escribir, entre ellas Ray y Gill Lane del *The Fisherbeck Hotel* en Ambleside, Cumbria, Inglaterra; y Janice Worth de *Palm Beach Gardens*, en Florida, Estados Unidos; donde hace años escribí los proyectos preliminares de este libro. Y de nuevo doy las gracias a David McCormick y Brian Tart, cuya asesoría literaria y editorial ha sido fundamental para todos mis libros.

NOTAS

❧❦❧

1. Uno de los estudios más extensos de todas las interpretaciones de Jonás a través de los años se encuentra en Yvonne Sherwood, *A Biblical Text and Its Afterlives: The Survival of Jonah in Western Culture* (Cambridge: Cambridge University Press, 2000). Sherwood sostiene que los comentaristas han usado el Libro de Jonás para favorecer sus propias creencias y puntos de vista. Eso es verdad, pero es una tesis absurda para Sherwood, que usa el libro para impulsar su propia agenda del posmodernismo, es decir, que ninguna interpretación tiene más validez que otra. Los primeros comentaristas cristianos, como Jerónimo y Agustín, vieron a Jonás como un tipo de Cristo. Muchos reformadores, como Lutero, vieron a Jonás como un judío que no quería alcanzar a los gentiles, que mostraba el fracaso de Israel tanto para entender el evangelio como para testificar a las naciones. A partir de la Ilustración, un enfoque principal ha sido criticar o defender la credibilidad de la historia, en particular el incidente con el pez. Una avenida más reciente de interpretación es el análisis literario, en el cual el Libro de Jonás se clasifica como una sátira o una comedia. Cada una de estas líneas de interpretación señala

cuestiones importantes y ofrece importantes reflexiones para entender el texto.

2. Para una argumentación exhaustiva sobre los milagros bíblicos, véase la obra en dos volúmenes de Craig S. Keener, *Miracles: The Credibility of the New Testament Accounts* (Grand Rapids: Baker Academic, 2011).

3. David W. Baker, T. Desmond Alexander, y Bruce K. Waltke, *Obadiah, Jonah, and Micah: An Introduction and Commentary*, Tyndale Old Testament Commentaries, vol. 26 (Downers Grove: InterVersity Press, 1988), pág. 123.

CAPÍTULO 1:
Huir de Dios

1. La traducción que uso de Jonás en todo el libro procede de mi trabajo exegético y de aquellos con mayor habilidad en el hebreo que yo. Pero, está fuertemente influenciada por las reflexiones de *Jack. M. Sasson, Jonah: A New Translation with Introduction, Commentary, and Interpretation*, The Anchor Bible (Nueva York: Doubleday, 1990); y Phyllis Trible, *Rhetorical Criticism: Context, Method, and the Book of Jonah* (Filadelfia: Fortress, 1994). Todas las citas del texto de Jonás, por lo tanto, son mis traducciones. Todas las otras citas bíblicas siguen la Nueva Versión Internacional, a menos que se indique otra versión.

2. Erika Bleibtreu, «Grisly Assyrian Record of Torture and Death», *Biblical Archaeology Review*, enero/febrero 1991, págs. 52-61, citado en James Bruckner, *The NIV Application Commentary: Jonah, Nahum, Habakkuk, Zephanian* (Grand Rapids: Zondervan, 2004), pág. 28.

3. Bruckner, *NIV Application Commentary*, págs. 28-29.

4. Bruckner reúne tres páginas de registros históricos que denomina la «retórica del terror» del imperio asirio, *NIV Application Commentary*, págs. 28-30.

5. Leslie C. Allen, *The Books of Joel, Obadiah, Jonah, and Micah* (Grand Rapids, MI: Wm. B. Eerdmans, 1976), pág. 202; Rosemary Nixon, *The Message of Jonah* (Downers Grove: InterVarsity Press, 2003), págs. 56-58.

6. Véase Allen, *The Books of Joel*, págs. 204-5.

7. La mayoría de los estudiosos de la Biblia fechan la profecía de Nahúm antes de Jonás. Véase T. F. Glasson, «The Final Question in Nahum and Jonah», *Expository Times* 81 (1969), págs. 54-55. Leslie Allen añade que la hostilidad de Jonás hacia Nínive es perfectamente comprensible si recordamos «el impacto psicológico y religioso de la antigua capital asiria sobre una comunidad que había recibido el Libro de Nahúm como parte de su herencia religiosa» (Allen, *The Book of Joel*, pág. 190).

8. «Como en Job, la lección relevante [del Libro de Jonás] tiene que ver con la incapacidad de los mortales de entender, y mucho menos de juzgar a Su Dios». Jack M. Sasson, *Jonah: A New Translation, with Introduction, Commentary, and Interpretation*, The Anchor Bible (Nueva York: Doubleday, 1990), pág. 351.

9. Para una exposición de esta parábola, véase Timothy Keller, *The Prodigal Son: Recovering the Heart of Christian Faith* (Nueva York: Dutton, 2008). Uso la palabra «pródigo» en su sentido más original de ser «imprudentemente derrochador». Mientras el menor derrochó dinero, el padre demostró ser derrochador con su gracia.

10. Flannery O'Connor, *Wise Blood: A Novel* (Nueva York: Farrar, Straus and Giroux, 1990), pág. 22. Trato el tema de «usar la religión» para evitar a Dios con mayor profundidad en el

capítulo tres, «Redefiniendo el pecado», en *The Prodigal God*, págs. 34-54.

11. «Realmente, Jonás se vio a sí mismo como Dios, al convertir al verdadero Dios en un componente en una mayor ecuación que él mismo quería controlar». Daniel C. Timmer, *A Gracious and Compassionate God: Mission, Salvation and Spirituality in the Book of Jonah* (Downers Grove: InterVarsity Press, 2011), pág. 144.

12. Timmer señala que como Jonás ya ha sido el «hermano menor» y ha pedido perdón, su resurgimiento como el hermano mayor es todavía más sorprendente. «Jonás quería recibir la gracia de Dios sin ser transformado por ella, y al mismo tiempo arrebatarla de aquellos cuyas vidas habían sido transformadas por causa de ella». Timmer, *Gracious and Compassionate God*, pág. 133.

CAPÍTULO 2

Las tormentas del mundo

1. Derek Kidner, *Proverbs: An Introduction and Commentary* (Downers Grove: InterVarsity Press, 1964), pág. 80.

2. La cita de Isaías 63:9 es de la versión La Biblia de las Américas.

CAPÍTULO 3

¿Quién es mi prójimo?

1. Hugh Martin, «The Prayer of Terror and the Sleep of Sorrow in the Storm», en *A Commentary on Jonah* (Edinburgh: Banner of Truth, 1958), pág. 91.

2. Leslie C. Allen, *The Books of Joel* (Grand Rapids: Wm. B. Eerdmans, 1976), pág 207.

3. Allen, *The Books of Joel*, págs. 207-8.

4. Phyllis Trible, «Jonah» en *The New Testament's Bible, Volume Seven: Introduction to Apocalyptic Literature, Daniel, The Twelve Prophets* (Nashville: Abingdon Press, 1996) pág. 498. Véase además Jack M. Sasson, *Jonah: A New Translation with Introduction, Commentary, and Interpretation*, The Anchor Bible (Nueva York: Doubleday, 1990), págs. 110-11.

5. Martin, «The World Rebuking the Church» *Commentary on Jonah*, págs. 94-107.

6. Jacques Ellul, *The Judgment of Jonah* (Grand Rapids: Eerdmans, 1971), pág. 29.

7. Francis Schaeffer, *The Church Before the Watching World* (Downers Grove: InterVarsity Press, 1971).

8. Phyllis Trible, «Jonah» en *The New Testament's Bible, Volumen Seven, pág. 502.*

9. En estos versículos Santiago se refiere a tener misericordia para con los creyentes pobres (véase el v. 15: «Supongamos que un hermano o una hermana...»). Así que, en este ejemplo Santiago está diciendo que la señal de que somos salvos por gracia es que tomamos acciones concretas para aliviar el sufrimiento del pobre en la comunidad cristiana. Es preciso poner este texto junto a Gálatas 6:10, en el que Pablo anima a los creyentes a «[hacer] bien a todos» (prestar ayuda) «en especial a los de la familia de la fe». En otras palabras, compadecerse de las personas con necesidades materiales y económicas, pero en particular de las que están dentro de la iglesia, es una de las marcas de la verdadera fe.

CAPÍTULO 4
Incluir a los demás

1. El versículo 8 usa la palabra hebrea *melaka*, que se traduce aquí como «misión», pero algunas veces simplemente como «trabajo».

Jack Sasson da la evidencia por la cual es mejor entender que los marineros le preguntaron a Jonás no simplemente sobre su profesión, sino más bien sobre su misión y propósito en el viaje y en la vida. Jack M. Sasson, *Jonah: A New Translation, with Introduction, Commentary, and Interpretation,* The Anchor Bible (Nueva York: Doubleday, 1990), pág. 114.

2. Para ahondar sobre este asunto, véase Timothy Keller, *Counterfeit Gods: The Empty Promises of Sex, Money, and Power and the Only Hope That Matters* (Nueva York: Dutton, 2009).

3. Véase el estudio bíblico-teológico de Richard Lints, *Identity and Idolatry: The Image of God and Its Inversion* (Downers Grove: Inter-Varsity Press, 2015). El título de esta sección del capítulo viene del importante volumen de Lints. Además, véase Thomas C. Oden, *Two Worlds: Notes on the Death of Modernity in America and Russia* (Downers Grove: InterVarsity Press, 1992), cap. 6.

4. Daniel C. Timmer, *A Gracious and Compassionate God: Mission, Salvation, and Spirituality in the Book of Jonah* (Downers Grove: InterVarsity Press, 2011), pág. 70.

5. Miroslav Volf describe cuatro formas de exclusión: atacar, asimilar, dominar y abandonar. He combinado las categorías de atacar y dominar bajo la categoría de «eliminar». Véase Miroslav Volf, *Exclusion and Embrace: A Theological Exploration of Identity, Otherness, and Reconciliation* (Nashville: Abingdon Press, 1996), págs. 74-78.

CAPÍTULO 5
El modelo del amor

1. Leslie C. Allen, *The Books of Joel* (Grand Rapids: Wm. B. Eerdmans, 1976), pág. 211.

2. En los dos textos en que Jesús se refirió a la «señal de Jonás», los escépticos exigieron que Jesús presentara evidencia milagrosa que demostrara sus pretensiones. Ellos querían una «señal»: una evidencia poderosa de que Dios estaba con Él. Sin duda, lo habían visto hacer milagros, pero parecía que muchos podían hacerlos también. Ellos querían una señal contundente que mostrara que Él era quien decía ser. Jesús respondió que no se daría ninguna señal «sino la señal de Jonás el profeta». Tanto Mateo (12:38-42, LBLA) y Lucas (11:29-32, LBLA) registran esto. Pero ¿cuál era esta «señal»?

Mateo se refirió a la «muerte» y a la «resurrección» de Jonás («tres días y tres noches estuvo Jonás en el vientre de un gran pez») con respecto a la muerte y resurrección de Jesús («tres días y tres noches estará el Hijo del hombre en las entrañas de la tierra»). Sin embargo, Lucas no hizo ninguna referencia a los tres días en el pez y en la tierra. En Lucas, Jesús declaró que la señal de Jonás fue su predicación de arrepentimiento a Nínive. Algunos intérpretes que se enfocan exclusivamente en el texto de Mateo creen que la resurrección de Cristo, el máximo milagro, es la «señal» que demostraría a todos que Jesús era quien dijo que era. Pero Lucas pudo hablar sobre la señal sin mencionar la resurrección.

Otros intérpretes, que se enfocan exclusivamente en Lucas piensan que Jesús quiso decir que no iba a realizar señales milagrosas; que solo iba a predicar el evangelio. Pero Joachim Jeremias indica que «es bastante inusual describir la predicación del arrepentimiento como un *semeion*, ya que una señal consiste, no en lo que hacen los hombres, sino en la 'intervención del poder de Dios'». Joachim Jeremias, «Ionas» en *Theological Dictionary of the New Testament*, editado por G. Kittell y G. Friedrich (Grand Rapids: Wm. B. Eerdmans, 1976), pág. 409, citado en Baker, Alexander, and Waltke, *Obadiah, Jonah, and Micah*, pág. 92.

T. D. Alexander concluye que la referencia de Jesús a Jonás tiene más sentido si combinamos las ideas. (Baker, Alexander, and Waltke, *Obadiah, Jonah, and Micah*, pág. 94). Al igual que Jonás fue lanzado al agua para salvar a los marineros de la ira de Dios, del mismo modo Jesús sería lanzado a la muerte para llevar el castigo que merecemos por nuestros pecados, para salvarnos. Y solo si nos arrepentimos a la luz de la muerte y la resurrección de Cristo en nuestro lugar es que encontramos a Dios y recibimos nueva vida. Si nos arrepentimos pensando que podemos alcanzar la misericordia de Dios a través de nuestra contrición y esfuerzos en purificarnos, todo será en vano. Esta es la señal de Jonás: arrepentirse y creer, no como maneras para ganar la aprobación de Dios, sino al descansar en el logro permanente y completo del amor y la aprobación de Dios, todo a través de Su obra terminada.

3. Jacques Ellul, *The Judgment of Jonah* (Grand Rapids: Eerdmans, 1971), págs. 36-38.

4. Véase Albert L. Lukaszewski, «Prepositions», en *The Lexham Syntactic Greek New Testament Glossary* (Bellingham: Lexham Press, 2007), pág. 382. Véase además William L. Lane, *The Gospel of Mark* (Grand Rapids: Eerdmans, 1974), pág. 384.

5. P. P. Bliss, «'Man of Sorrows' What a Name» (himno), 1875. Esta es una traducción libre.

6. Allen, *The Books of Joel*, pág. 212.

7. La palabra griega *hilasmos*, que se traduce «propiciación» en la LBLA, ha sido fuente de controversia. Fuera del texto bíblico, la palabra griega, según el uso común antiguo, se refería a una

ofrenda hecha para aplacar la ira de un dios que había sido ofendido. Sin embargo, a finales del siglo xix y principios del siglo xx, los eruditos como B. F. Westcott y C. H. Dodd afirmaron que, dentro del Nuevo Testamento, la palabra no se refería a Dios y Su ira, sino a nosotros y nuestro pecado. Ellos enseñaron que la palabra más bien significaba «expiación», es decir, nuestros pecados son removidos como obstáculos para nuestra relación con Dios. Somos perdonados; somos declarados sin culpa. Estos académicos negaron que la palabra significara «aplacar o satisfacer la ira de Dios». Sin embargo, Leon Morris (*The Apostolic Preaching of the Cross*, London: Tyndale, 1965) y David Hill (*Greek Words and Hebrew Meanings*, Cambridge: Cambridge University Press, 1967) han cuestionado con firmeza este punto de vista. Ellos han demostrado que el grupo de la palabra *hilasmos* en la Biblia tiene el mismo significado que tuvo en la literatura griega. También argumentan que la expiación y la propiciación deben ocurrir al mismo tiempo. Si un infractor ha pecado contra alguien, entonces la ira legítima y el deseo de justicia de la parte ofendida supone una barrera en la relación hasta que el infractor admita el mal que ha hecho y pague la deuda a la justicia. Entonces remover el pecado como una barrera y cambiar la actitud de la parte ofendida hacia el infractor son dos aspectos de la misma acción. Véase además R. R. Nicole, «C. H. Dodd and the Doctrine of Propitiation», *Westminster Theological Journal* 17 (1954-55): 117-57.

8. Para ejemplo, véase Mark Baer, «The Passion of Anger Can Be Used in a Constructive Manner», *Psychology Today*, 12 de abril, 2017, www.psychologytoday.com/intl/blog/empathy-and -relationships/201704/the-passion-anger-can-be-used-in-a -constructive-manner. Este artículo hace unas observaciones evidentes: (a) que la enseñanza cristiana, que expresó Tomás de

Aquino, es que la ira *per se*, un deseo de tratar con la injusticia y lo malo, puede ser buena si no va acompañada de orgullo y arrogancia, sino de humildad y que además no exprese un intenso deseo de venganza; y (b) que toda persona que ama la justicia y a las personas que son explotadas, experimentará enojo por esto, y será un estímulo para hacer justicia.

9. Daniel C. Timmer, *A Gracious and Compassionate God: Mission, Salvation, and Spirituality in the Book of Jonah* (Downers Grove,: InterVarsity Press, 2011), pág. 75.

10. James Montgomery Boice, *The Minor Prophets: An Expositional Commentary*, vol. 1, *Hosea-Jonah* (Grand Rapids: Baker, 1983), pág. 280.

CAPÍTULO 6
Huir de la gracia

1. Daniel C. Timmer, *A Gracious and Compassionate God: Mission Salvation, and Spirituality in the Book of Jonah* (Downers Grove: InverVarsity Press, 2011), pág. 77.

2. Peter C. Craigie, *Twelve Prophets*, vol. 1, *Hosea, Joel, Amos, Obadiah, Jonah* (Louisville: Westminster John Knox Press, 1984), pág. 227.

3. Marta Bousells, «J. K. Rowling´s Life Advice», Guardian, 30 de marzo, 2015. El discurso de graduación fue publicado como *Very Good Lives: The Fringe Benefits of Failure and the Importance of Imagination* (Nueva York: Little Brown, 2008).

4. Jack M. Sasson, *Jonah: A New Translation, with Introduction, Commentary, and Interpretation*, The Anchor Bible (Nueva York: Doubleday, 1990), pág. 157.

5. J. I. Packer, *Knowing God* (Downers Grove: InterVarsity Press, 1973), pág. 117.

6. Philip Rieff, *The Triumph of the Therepeutic: The Uses of Faith After Freud* (Chicago: University of Chicago Press, 1966).

7. Packer, *Knowing God*, págs. 118-119.

8. Augustus Toplady, «Rock of Ages» (himno), citado en Packer, *Knowing God*, pág. 119. Esta es una traducción libre.

9. Jacques Ellul, *The Judgment of Jonah* (Grand Rapids: Eerdmans, 1971), págs. 48-49. Ellul escribió: «A Jonás no se le hubiera respondido si entendemos que la respuesta era rescatarlo del pez [...]. Pero se le respondió si entendemos que la respuesta era acogerse a la protección de Dios que toma control absoluto de nuestros sufrimientos, dramas y diversas situaciones. Se le respondió porque la gracia jamás falla [...]. Los eventos se desarrollaron sin ninguna indicación de la intervención favorable de Dios, solo se vieron señales de juicio [...]. Pero el que haya podido arrepentirse, condenarse a sí mismo, admitir la sentencia del juez justo (y ver el sacrificio expiatorio en el templo), es razón suficiente para que pudiera afirmar: 'Tú me has salvado'. Aquí es donde tomó la gran decisión».

10. James Montgomery Boice, *The Minor Prophets: An Expositional Commentary*, vol. 1, *Hosea-Jonah* (Grand Rapids: Baker, 1983), pág. 288.

11. Kevin J. Youngblood, *Jonah: Exegetical Commentary on the Old Testament* (Grand Rapids: Zondervan, 2013), pág. 114.

CAPÍTULO 7

Hacer justicia, predicar ira

1. Daniel C. Timmer, *A Gracious and Compassionate God: Mission Salvation, and Spirituality in the Book of Jonah* (Downers Grove: InverVarsity Press, 2011), pág. 94.

2. Jacques Ellul, *The Judgment of Jonah* (Grand Rapids: Eerdmans, 1971), pág. 97.

3. Véase Thomas S. Kidd, «The North Korean Revival of 1907», *The Gospel Coalition*, 2 de mayo de 2017, www.thegospelcoalition .org/blogs/evangelical-history/the-north-korean-revival-of -1907/; y Young-Hoon Lee, «Korean Pentecost: The Great Revival of 1907», *Asian Journal of Pentecostal Studies* 4, no. 1 (2001): 73-83.

4. Véase William N. Blair y Bruce F. Hunt, *The Korean Pentecost and the Sufferings That Followed* (Edinburg: Banner of Truth, 1977).

5. P. Trible escribió: «El narrador reportó el giro teológico radical de la ciudad, aunque no su conversión al yahvismo». P. Trible, «Jonah», en *The New Interpreter's Bible*, vol. 7, (Nashville: Abingdon Press, 1996), pág. 513.

6. Leslie C. Allen, *The Books of Joel* (Grand Rapids: Wm. B. Eerdmans, 1976), pág. 225.

7. Christopher J. H. Wright, *The Mission of God: Unlocking the Bible's Grand Narrative* (Downers Grove: InterVarsity Press, 2013), pág. 185.

8. Véase Timmer, *Gracious and Compassionate God*, pág. 41.

9. El erudito del Antiguo Testamento H. L. Elison concluye que los lectores modernos deberían aprender del Libro de Jonás que los cristianos están llamados a ir a las ciudades y a los lugares de mucha necesidad y participar en los «servicios sociales» que «no son simplemente [...] un medio para un fin de evangelización». Véase R. E. Clements, «The Purpose of the Book of Jonah», *Supplement to Vetus Testamentum* 28 (1975): 18, citado en Baker, Alexander, y Waltke, *Obadiah, Jonah, and Micah*, pág. 86.

10. Véase Trible, «Jonah», pág. 516, donde habla del arrepentimiento de Nínive en todas las clases sociales al «hacer frente

a los problemas sistémicos» como un incentivo para los que desean la sanidad «colectiva y social» para las ciudades.

11. Ellul, *The Judgment of Jonah*, pág. 88.

12. La traducción es de La Biblia de las Américas (LBLA).

13. Alec Motyer, *The Prophecy of Isaiah: An Introduction and Commentary* (Downers Grove: InterVarsity Press, 1994), pág. 109.

14. Martin Luther King Jr., «Letter from a Birmingham Jail», 16 de abril de 1963, www.africa.upenn.edu/Articles_Gen/Letter_Birmingham.html.

15. Martin Luther King Jr., «I Have a Dream» (discurso, Washington DC, 28 de Agosto de 1963), www.americanrhetoric.com/speeches/mlkihaveadream.htm.

Las tormentas del corazón (4:1-4)

1. Peter C. Craigie, *Twelve Prophets*, vol. 1, *Hosea, Joel, Amos, Obadiah, Jonah* (Louisville: Westminster John Knox Press, 1984), pág. 233.

2. Jacques Ellul, *The Judgment of Jonah* (Grand Rapids: Eerdmans, 1971), pág. 74.

3. Ibid.

4. Ibid.

5. Ellul, *The Judgment of Jonah*, pág. 75.

6. Ibid.

7. Jonathan Haidt, *The Righteous Mind: Why Good People Are Divided by Politics and Religion* (Nueva York: Vintage, 2013), págs. xix, xx.

CAPÍTULO 9

El carácter de la compasión (4:4-11)

1. Jacques Ellul, *The Judgment of Jonah* (Grand Rapids: Eerdmans, 1971), págs. 72-73.

2. Daniel C. Timmer, *A Gracious and Compassionate God: Mission, Salvation, and Spirituality in the Book of Jonah* (Downers Grove: InterVarsity Press, 2011), pág. 127.

3. Leslie C. Allen, *The Books of Joel* (Grand Rapids: Wm. B. Eerdmans, 1976), pág. 232.

4. Véase Massimo Pigliucci, «Stoicism», Internet Encyclopedia of Philosophy, sin fecha, www.iep.utm.edu/stoicism.

5. James Bruckner, *The NIV Application Commentary: Jonah, Nahum, Habakkuk, Zephaniah* (Grand Rapids: Zondervan, 2004), pág. 116 y 7n.

6. La palabra hebrea que se usa aquí se refiere a afligirse hasta el punto del dolor y la angustia.

7. Incluso los teólogos cristianos deben luchar con la manera en que este lenguaje encaja con la idea de la «aseidad» de Dios. Véase Herman Bavinck, *Reformed Dogmatics*, vol. 2 (Grand Rapids: Baker Books, 2004), págs. 149-53. Este es un término técnico que describe la creencia histórica cristiana que Dios no es solo un objeto más en el universo, sino el que sustenta toda la existencia. Él no depende de nada ni de nadie, todo depende completamente de Él. No podemos leer los diversos textos que hablan de la compasión de Dios e incluso del dolor en Su corazón por causa de Su amor por nosotros (Gén. 6.6; Os. 11:8-11) sin preguntar si Él está cambiando o volviéndose de alguna manera dependiente de nosotros. De ninguna manera debemos movernos hacia un «ateísmo abierto» que ve a Dios en evolución o dependiente de Su creación. Más bien, en Su

libertad y soberanía, voluntariamente permite que Su amor por nosotros le cause dolor en formas similares (aunque no idénticas) a las formas en que el amor nos causa dolor y tristeza. Véase también la nota 83 en este capítulo.

8. Juan Calvino, *Commentaries of the Twelve Minor Prophets*, vol. 3, traducido por J. Owen (Grand Rapids: Baker Books, 1979), pág. 141.

9. Véase «The Emotional Life of Our Lord», en B. B. Warfield, *Person and Work of Christ*, ed. Samuel G. Craig (Filadelfia: The Presbyterian and Reformed Publishing Company, 1950), págs. 93-145.

10. Miroslav Volf, *Exclusion and Embrace: A Theological Exploration of Identity, Otherness, and Reconciliation* (Nashville: Abingdon Press, 1996), págs. 303-4.

11. Véase James E. Dolezal, *All That Is in God: Evangelical Theology and the Challenge of Classical Christian Theism* (Grand Rapids: Reformation Heritage Books, 2017). Este libro expone la doctrina histórica de la «simplicidad» de Dios, es decir, que Él no consiste de partes, sino que todo lo que es Dios está en perfecta unidad. No obstante, este entendimiento apropiado de la simplicidad de Dios no debe reducir o trivializar la descripción bíblica del apego del corazón de Dios a Su creación y a Su tristeza que siente por ella, ni socavar la necesidad y la realidad de la expiación si Dios va a perdonarnos. Véase Joseph Minich, «A Review of James Dolezal´s *All That Is in God*», The Calvinist International, 31 de Agosto, 2017, http://calvinistinternational. com/2017/08/31/review-james-dolezals-god.

12. La traducción literal del griego sería: *Él puso Su tienda de carne y vivió por un tiempo* entre nosotros.

13. Esta interpretación de Éxodo 33-34 y el argumento que la cruz nos muestra «toda la bondad» se deben a D. M. Lloyd-Jones, «The Goodness of God Made Manifest», en *Revival* (Wheaton: Crossway Books, 1987), págs. 225-36.

14. Sinclair B. Ferguson, *Man Overboard: Study of the Life of Jonah* (Wheaton: Tyndale House, 1981), pág. 118.

CAPÍTULO 10
Nuestra relación con la Palabra de Dios

1. Para una exposición y explicación de esta importante idea, véase Sinclair Ferguson, *The Whole Christ: Legalism, Antinomianism, and Gospel Assurance—Why the Marrow Controversy Still Matters* (Wheaton: Crossway Books, 2016), págs. 68:82.

2. Véase Nicholas Kristof, «A Little Respect for Dr. Foster», *New York Times*, 28 de marzo de 2015, www.nytimes.com /2015/03/29/opinion/sunday/nicholas-kristof-a-little -respect-for-dr-foster.html.

3. John Newton, «Letter XVI *Temptation*», *Letters of John Newton* (Edinburgh: Banner of Truth Trust, 1969), págs. 94-95. Todo el contenido de «Letter XVI *Temptation*» es relevante.

4. Newton, «Letter XVI *Temptation*», pág. 94.

5. Aunque es correcto pensar que Dios opera cosas buenas en nuestras vidas a través del sufrimiento, no debemos responder de manera despreocupada a las personas que sufren con solo citarles versículos bíblicos sobre los propósitos de Dios en las pruebas. Cuando conocemos personas que están yendo a través de tormentas en la vida, debemos tratar de no ser alguien que «trivializa, alecciona o aporta soluciones», lo que es contraproducente con las personas que están sufriendo. El que trivializa podría decir cosas como: «Las cosas podrían

estar peor, podrías haber nacido en la pobreza en algún otro país». El que enseña podría decir: «Dios te está enseñando algo, así que busca las lecciones que quiere enseñarte». El que aporta soluciones hablará así: «Si no pierdes el ánimo y haces X, Y y Z, podrás superar esto». (Estas tres respuestas poco útiles están planteadas por Kate Bowler en «What to Say When You Meet the Angel of Death at a Party», *New York Times*, 26 de enero de 2018). Una mejor manera de ayudar a los que sufren es a menudo solo llorar con ellos y amarlos, al igual que Jesús lo hizo con María cuando su hermano Lázaro había muerto (Juan 11:32-36).

6. John Newton, «I Will Trust, and Not Be Afraid», en «Olney Hymns», en John Newton y Richard Cecil, *The Works of John Newton*, vol. 3 (Londres: Hamilton, Adams, 1824), pág. 609. Esta es una traducción libre.

7. John Stott, *The Cross of Christ* (Downers Grove: InterVarsity Press, 1986), pág. 276.

8. Stott, *The Cross of Christ*, pág. 292.

9. Jennifer Senior, *All Joy and No Fun: The Paradox of Modern Parenthood* (Nueva York: HarperCollins, 2014), pág. 44.

10. Donald B. Kraybill y otros, *Amish Grace: How Forgiveness Transcended Tragedy* (San Francisco: Josey-Bass, 2007), págs. 114, 138.

11. Ernest Gordon, *Through the Valley of the Kwai* (Nueva York: Harper, 1962), págs. 104-5.

12. J. K. Rowling, Harry Potter and the Sorcerer's Stone (Nueva York: Scholastic Press, 1999), pág. 299.

13. Stott, *The Cross of Christ*, pág. 159.

14. George Buttrick, citado en Stott, *The Cross of Christ*, pág. 158.

15. Stott, *The Cross of Christ*, págs. 159-60.

CAPÍTULO 11
Nuestra relación con el mundo de Dios

1. Para los judíos, los samaritanos eran «marginados religiosos y sociales». Joel B. Green, *The Gospel of Luke*, The New International Commentary on the New Testament (Grand Rapids: Wm. B. Eerdmans, 1997), pág. 431.

2. Green, *Gospel of Luke*, pág. 432.

3. Un planteamiento accesible de esta doctrina está en Anthony A. Hoekema, *Created in God's Image* (Grand Rapids: Wm. B. Eerdmans, 1994).

4. Juan Calvino, *Institutes of the Christian Religion*, vol. 1, editado por John T. McNeill, trad. Por Ford Lewis Battles, The Library of Christian Classics (Louisville: Westminster John Knox Press, 2011), págs. 696-97. La letra cursiva es mía.

5. Juan Calvino, *Institutes of the Christian Religion*, pág. 698.

6. Un importante trabajo académico que explora la manera en que los cristianos y las iglesias locales pueden trabajar para el bien común de los vecindarios y las ciudades lo constituye Luke Bretherton, *Resurrecting Democracy: Faith, Citizenship, and the Politics of a Common Life* (Cambridge: Cambridge University Press, 2014). Bretherton aborda la pregunta: «¿Cómo construimos una vida en común en lugares que se caracterizan por una profunda diversidad religiosa y cultural?». Él llama a las iglesias y a los cristianos a que participen en «el trabajo comunitario con una base amplia» en la que los creyentes se unan con personas de diferentes creencias, identifiquen maneras de mejorar la vida para todos en su localidad, y trabajen juntos por el cambio.

7. Es importante observar que los creyentes pueden servir en la vida política y en el gobierno con fidelidad sin sentir la obligación de cristianizarlo. Daniel le pidió al rey pagano que actuara

con justicia hacia los pobres y los oprimidos (Dan. 4:27), y Amós 1-2 muestra que Dios hace responsables a las naciones paganas por su conducta. No son llamadas a reconocer a Dios como Señor; menos aún que los gobiernos deban responder a un estándar ético cristiano. Pero, sí deben responder a algo parecido a la regla de oro: «Así que en todo traten ustedes a los demás tal y como quieren que ellos los traten a ustedes...» (Mat. 7:12). El nivel de justicia y equidad en la sociedad, según la regla de oro, es algo que los ministros cristianos pueden y deben exigir a los gobiernos que honren, como lo hicieron Amós y Daniel.

8. En el antiguo Israel era la función del gobierno promover la verdadera religión y castigar la herejía. Por eso Israel era un estado teocrático. Sin embargo, en el Nuevo Testamento, Jesús declaró: «...dénle al césar lo que es del césar y a Dios lo que es de Dios» (Mat. 22:21). Muchos (incluido yo) vemos esto como un cambio en la relación de la Iglesia con el Estado a una en que tanto la Iglesia como el Estado tienen jurisdicción en dos esferas diferentes.

Esto no significa que todo gobierno puede ser realmente por completo «religiosamente neutral». Todos los órdenes políticos están basados en alguna visión de bien moral. Un gobierno podría estar comprometido con una creencia *posilustración* en la libertad individual absoluta o una creencia tradicional en la familia y la solidaridad del clan. Incluirá una de las muchas definiciones particulares de «justicia», ya se trate del utilitarismo de John Stuart Mill, de la justicia de los derechos individuales o la virtud de la ética de Aristóteles. Pero ninguna de estas posturas es empíricamente demostrable. Ellas son visiones morales religiosas basadas en creencias sobre la naturaleza humana y el propósito. Eso significa que los cristianos tienen todo derecho, como ciudadanos, de buscar políticas sociales que se basen en sus propias creencias, al igual que el resto de ciudadanos sin duda lo hará.

Sin embargo, eso no es lo mismo que buscar establecer una religión o denominación como la iglesia oficial del Estado. En general, entonces, la iglesia debería producir cristianos: «la iglesia esparcida», que participe en la acción política, pero la iglesia «reunida» y sus líderes no deben comprometerse con ningún partido político ni con los líderes de estos. Véase Daniel Strange, «Evangelical Public Theology: What on Earth? Why on Earth? How on Earth?» en *A Higher Throne: Evangelical Public Theology*, editado por Chris Green (Londres: InterVarsity Press, 2008), págs. 58-61. Este es un análisis indulgente, pero fundamental de la enseñanza de Abraham Kuyper en cuanto a que la iglesia «orgánica» de los cristianos debería hacer la transformación cultural, sin embargo, la iglesia «institucional» no debería hacerlo. Para una argumentación más extensa, pero al fin y al cabo una más benevolente para la teología pública de Abraham Kuyper (con mucho reconocimiento por parte de pesimistas como MacIntyre y Hauerwasa), véase James K. A. Smith, *Awaiting the King: Reforming Public Theology* (Grand Rapids: Baker Academic, 2017).

9. El evangelio debilita la tendencia partidista debido a la doctrina del pecado. Explica a los cristianos que el mal que daña la vida humana sobre este planeta reside en todo corazón humano, incluidos los suyos. Cada lado del espectro político tiene la tendencia a argumentar que el mal que sufrimos procede principalmente de ciertas clases de personas: los ricos y poderosos, las razas, los pobres, o los inmigrantes. Sin embargo, el cristiano

cree en la doctrina de la «depravación total», es decir, que ninguna raza, ni clase social, ni sexo, es más pecador o depravado que otro. Ciertamente, un grupo con mayor poder puede hacer más daño con su pecado, pero a los cristianos se les prohíbe pensar que una clase diferente de persona con poder es intrínsecamente menos proclive a pecar y explotar.

Esta enseñanza de la depravación total también debilita la tendencia partidista porque nos impide pensar, ya sea que la «mano invisible» de los mercados de capital o que el poder del gobierno sea el más intrínsecamente confiable para la asignación de recursos materiales. La extrema izquierda tiende a ser más desconfiada del capitalismo que del estado/gobierno, y la extrema derecha tiende a ser lo opuesto. Sin embargo, el «mercado» y el «estado/gobierno» son solo seres humanos. Y, ellos son intrínsecamente egoístas, por lo que encontrarán maneras de usar el poder para obtener privilegios para sí mismos.

Es cierto que los sistemas políticos seculares tanto de la derecha como de la izquierda hacen ídolos, por voluntad propia, ya sea del estado o del capitalismo, y esto lleva a políticas que favorecen a ciertas clases sobre otras, lo que en última instancia socava el bien común. Sin embargo, los creyentes no deberían pensar que de alguna manera un partido político cristiano necesariamente estará libre de los mismos problemas. La doctrina cristiana del pecado debería llevar a los cristianos a desconfiar incluso de sí mismos, ya que nuestros corazones pecaminosos son perfectamente capaces de encontrar la justificación para los abusos de poder dentro de un marco filosóficamente ortodoxo.

10. Véase Sean Michael Lucas, «Owning Our Past: The Spirituality of the Church in History; Failure, and Hope», *Reformed*

Faith and Practica: The Journal of Reformed Theological Seminaryl, no. 1 (mayo de 2016), https://journal.rts.edu/article/owning-our-past-the-spirituality-of-the-church-in-history-failure-and-hope/. Lucas trata lo referente al 31:4 de la Confesión de fe de Westminster de la iglesia presbiteriana: «Los sínodos y los concilios no deben tratar ni decidir sino solo aquello que es eclesiástico, y no han de injerir en los asuntos civiles que conciernen al estado, a menos que sea por medio de una petición humilde en casos extraordinarios». Muchos han argumentado que esto prohíbe que la iglesia hable de manera oficial sobre temas sociales, y los presbiterianos del sur (en Estados Unidos) en las décadas de 1840 y 1850 recurrieron a esta parte de la Confesión contra los abolicionistas que insistían que la iglesia debía hablar en contra de la esclavitud. Lucas refuta fehacientemente que esto no implica que la iglesia no pueda hablar como colectividad sobre temas de raza, sexo y pobreza, todos ellos con implicaciones sociales, ya que la misma Biblia trata estos temas. Él busca que se haga, pese a la gran restricción que la Confesión impone a la iglesia sobre su participación en la política electoral.

11. Esto significa que los ministros y otros líderes de iglesias deben actuar con suma prudencia al hacer declaraciones públicas sobre temas políticos de actualidad, porque aun si intentan hablar como «ciudadanos privados», se verá inevitablemente como que hablan oficialmente en nombre de la iglesia institucional y con ello afirmar que su opinión personal es *la* posición política bíblica o cristiana. Hace algunos años en una conversación privada, se me preguntó qué pensaba sobre el conflicto entre Palestina e Israel en el Medio Oriente. Se me presentó una agenda sobre un modo de avanzar, una resolución posible.

Después de considerar la propuesta, dije que me parecía muy razonable. Luego, me preguntaron si firmaría una petición pública que exhortara a todas las partes a adoptar este planteamiento. Aunque me sentí honrado de que me lo pidieran, me negué de inmediato. Sabía que la razón para esto es que era el pastor de una iglesia grande y por eso se veía como que representaba a mucha gente. Sin embargo, sabía que esta particular solución política, aunque según mi parecer, era sabia, no era una solución dictada por la Escritura. Los cristianos en mi iglesia eran libres, entonces, en sus consciencias para creer lo contrario sobre este tema, y sabía que muchos lo hacían. Ellos no sentirían que sería justo que yo firmara esa petición como si representara las opiniones de toda la congregación. Como un ministro cuya tarea es predicar la Biblia a la iglesia, mi firma se interpretaría así: «Esta es la posición política bíblica, cristiana sobre este asunto». No importaría si yo había firmado solo como un ciudadano privado. No se habría visto ni oído así. Habría supeditado el evangelio y la fe a un programa político debatible. Los ministros cristianos y los líderes, entonces, deben instruir y animar a los creyentes a participar en la vida política, a buscar ser «sal» y «luz» (Mat. 5:13-16), al usar su sabiduría formada bíblicamente para procurar el bien común. Pero como representantes de la iglesia institucional, no deben presionar agendas políticas partidistas.

12. Véase Craig Blomberg, *Neither Poverty nor Riches: A Biblical Theology of Possessions* (Leicester: Apollos, 1999). El biblista Craig Blomberg analiza la información bíblica sobre la riqueza y la economía. Para ello revisó las leyes mosaicas, entre ellas (a) las leyes del año sabático referentes a los esclavos, los cuales debían quedar libres cada siete años, ya sea que hubieran pagado sus

deudas o no lo hubieran hecho; (b) las leyes referentes a la recolección de espigas que limitaban la obtención de ganancias por parte de los dueños de las tierras; y (c) el año del jubileo, en el que la tierra que se había perdido en un trato de negocios justo retornaría a sus dueños originales cada 50 años. Blomberg concluye que las reglas para el uso de la riqueza y la propiedad desafían todos los mayores modelos económicos contemporáneos. Ellas son incompatibles con el socialismo y con el capitalismo democrático. La Biblia «reprueba duramente (1) el estatismo que menosprecia el tesoro precioso de las raíces personales, y (2) el individualismo sin límites que protege a los individuos en detrimento de la comunidad» (pág. 46). La Biblia enseña «la despersonalización tanto de las fuerzas del mercado como de las sociedades que son administradas por el estado/gobierno» (pág. 83).

13. Véase James Mumford, «Package Deal Ethics», *Hedgehog Review* 19, no. 3 (otoño 2017), disponible además en www .jamesmumford.co.uk/package-deal-ethics-2.

14. Véase Larry Hurtado, *Destroyer of the Gods: Early Christian Distinctiveness in the Roman World* (Waco: Baylor University Press, 2016). Hurtado precisó que la iglesia primitiva estaba comprometida con un único «proyecto social». Hizo hincapié en (a) la multietnicidad y la igualdad entre las razas, (b) una fuerte preocupación por los pobres, (c) el perdón y no tomar represalias, (d) la prohibición del aborto y el infanticidio, (e) una ética del sexo que prohibía todo sexo entre un hombre y una mujer fuera del matrimonio. Como algunos lo han señalado, las primeras dos características parecen, en el contexto estadounidense, «demócratas» y las últimas dos parecen «republicanas»,

pero la tercera, la de no tomar represalias, ¡no se parece a ningún partido!

15. Algunos que lean esto en 2018-19 pensarán en los evangélicos y los republicanos de EUA. Pero esto sucede en todo el espectro. Para otro ejemplo de la presión que la política de hoy ejerce respecto a los «acuerdos globales» cuando se trata de los cristianos afroestadounidenses, véase Justin E. Giboney, «Oddly, Neither Political Party Reflects the Values of Black Voters», *The Hill*, 30 de mayo de 2018, http://thehill.com /opinion/civil-rights/389491-oddly-neither-political-party -reflects-the-values-of-black-voters. La doctrina social tanto para los cristianos afroestadounidenses como para los católicos combina valores «progresistas» en las áreas del trabajo, la raza y la economía y valores «conservadores» en las áreas del sexo y el aborto.

16. Ernest W. Shurtleff, «Lead On, O King Eternal, the Day of March Has Come» (himno), 1887. Esta es una traducción libre.

17. Miroslav Volf, *Exclusion and Embrace: A Theological Exploration of Identity, Otherness, and Reconciliation* (Nashville: Abingdon Press, 1996), págs. 74-78.

18. Véase Jonathan Haidt, «The Age of Outrage: What the Current Political Climate Is Doing to Our Country and Our Universities», *City Journal*, 17 de diciembre de 2017, www.city-journal .org/html/age-outrage-15608.html.

19. Paul Gilroy, «Diaspora and Detours of Identity», en *Identity and Difference*, editado por K. Woodward (Londres: Sage/Open University, 1997), pág. 302.

20. Miroslav Volf, *Exclusion and Embrace*, pág. 78.

21. Miroslav Volf, *Exclusion and Embrace*, págs. 63-64.

22. C. S. Lewis, *The Voyage of the Dawn Treader* (Nueva York: Harper Trophy, 2000), pág. 110.

23. Miroslav Volf, *Exclusion and Embrace*, págs. 40, 49.

24. Véase Larry Hurtado, «A Different Identity», en *Destroyer of the Gods*, págs. 77-104.

25. J. R. R. Tolkein, *The Fellowship of the Ring*, ed. del 50 aniversario (Nueva York: Houghton Mifflin 2004), pág. 442.

26. No debemos pensar que el modelo de la encarnación y la excepcional identidad cristiana son los únicos recursos que los cristianos tienen para convertirse en agentes de pacificación y así tender puentes en una sociedad pluralista. Aquí hay otros dos:

Nuestra doctrina de la historia debilita tanto la nostalgia como la utopía que pueden llevar a visiones extremas políticas. Los progresistas miran el pasado lleno de oscuridad y maldad y creen que nuestra única esperanza está en una sociedad futura que podemos conseguir mediante la política. Por otro lado, los conservadores a menudo recuerdan «las eras doradas» del pasado y ven el presente y el futuro imperfectos y sombríos. Pero, la obra monumental *La ciudad de Dios* de san Agustín muestra la visión bíblica de la historia, es decir, que el pasado, el presente y el futuro, todos han estado llenos de la maldad humana y de la gracia sustentadora de Dios, y que podemos trabajar por una sociedad más justa con realismo y esperanza, conscientes de que nunca la alcanzaremos hasta que venga Cristo. Esto evita que los cristianos idealicen el pasado como tienden a hacerlo los conservadores o poner las esperanzas en proyectos políticos utópicos como tienden a hacerlo los progresistas.

Nuestra doctrina de la salvación únicamente por la gracia debilita quizás la barrera básica humana para las relaciones pacíficas y de cooperación. El psicólogo social Jonathan Haidt ha afirmado: «Para vivir virtuosamente como individuos y como sociedades, debemos entender cómo están construidas nuestras mentes. Debemos encontrar maneras para vencer nuestra propia superioridad moral». Jonathan Haidt, «The Psychology of Self-righteousness» (entrevista con Krista Tippett), *On Being*, 19 de octubre de 2017, http://onbeing.org/programs/jonathan -haidt-the-psychology-of-self-righteousness-oct2017/. No es ser justo, sino creerse superior moralmente lo que lleva a la constante polarización y a la marginación dentro de nuestras sociedades multiculturales y pluralistas. Uno puede estar en desacuerdo y criticar fuertemente sin degradar, demonizar y deshumanizar la opinión contraria tanto en el tono como en el lenguaje, pero la superioridad moral participa en ellas sistemáticamente. John Inazu, en *Confident Pluralism: Surviving and Thriving Through Deep Difference* (Chicago: University of Chicago Press, 2016), sostiene que no podemos tener una sociedad pacífica, próspera y pluralista, con la cooperación entre personas de distintas creencias, a menos que las personas hablen usando las cualidades de *tolerancia* (tratar a otros con respeto y dignidad, incluso cuando encontremos atroces sus opiniones), *humildad* (reconocer los límites de lo que podemos probarles, y darnos cuenta de que nuestras creencias no son evidentes a todos), y *paciencia* (estar dispuestos a permanecer con la gente, con esperanza, a largo plazo). Estas tres características resultan en: (a) lentitud para atribuir malas intenciones, (b) lentitud para pensar que hemos descifrado a los otros, (c) reticencia a atribuirles un punto de vista que no sostienen, incluso si pensamos que es una implicación de sus otros puntos de vista, y (d) abstenerse de criticarlos hasta que podamos, en primer lugar, plantear sus puntos de vista en formas tan convincentes que ni ellos mismos las podrían haber planteado mejor. Todas estas actitudes y habilidades son, sin duda, cada vez menos comunes entre nosotros. La doctrina de la salvación únicamente por gracia significa que todos los seres humanos están igualmente perdidos, que son incapaces de salvarse a sí mismos, y que son salvos solo por pura gracia. Esto debe generar tolerancia, humildad y paciencia en los cristianos. Cuando le hablamos a una persona que es hinduista o atea, no tenemos razón para sentirnos superiores. No somos salvos porque somos más sabios o más morales, sino solo por gracia. Aunque los cristianos poseamos la verdad, el pecado que permanece en nuestros corazones nos impide ser tan buenos como nuestra doctrina correcta debería hacernos.

27. Associated Press, «Dutch Call for End to Religious Violence», *NBC News*, 9 de noviembre de 2004, www.nbcnews .com/id/6446342/ns/world_news-europe/t/dutch-call-end -religious-violence/#.Wm9sq5M-dmA.

28. Mattthew Kaemingk, *Christian Hospitality and Muslim Immigration in an Age of Fear* (Grand Rapids: Eerdmans, 2018), pág. 25. Gracias a Derek Rishmawy por mencionar este gran ejemplo.

29. Ibid.

30. Mattthew Kaemingk, *Christian Hospitality and Muslim Immigration*, pág. 26.

31. Naciones Unidas, «The World´s Cities in 2016» (folleto de datos), sin fecha, www.un.org/en/development/desa/population /publications/pdf/urbanization/the_worlds_cities_in_2016 _data_booklet.pdf.

32. «Cities in Numbers: How Patterns of Urban Growth Change the World», *Guardian*, 23 de noviembre de 2015, www.theguardian .com/cities/2015/nov/23/cities-in-numbers-how-patterns-of -urban-growth-change-the-world.

33. Howard Peskett y Vinoth Ramachandra, «Jonah 1-4», en *The Message of Mission: The Glory of Christ in All Time and Space* (Downers Grove: InterVarsity Press, 2003), pág. 136.

34. El movimiento de personas, riqueza y poder del campo a las grandes ciudades ha dejado a las comunidades rurales con grandes necesidades. Hay mucha más drogadicción, pobreza, transitoriedad y otros problemas sociales en estas áreas de lo que hubo hace una generación. El ministerio en estas áreas demanda nuevas habilidades y recursos. Hay una gran necesidad de nuevas iglesias y de la renovación de innumerables iglesias históricas en esos lugares.

35. Peskett y Ramachandra, «Jonah 1-4», pág. 136.

36. Tremper Longman III, *The NIV Application Commentary: Daniel* (Grand Rapids: Zondervan, 1999), págs. 47-48.

37. C. S. Lewis, *The Abolition of Man* (Nueva York: MacMillan, 1947), pág. 35.

38. Charles Taylor, *Sources of the Self: The Making of the Modern Identity* (Cambridge: Harvard University Press, 1989), pág. 89, se refiere a la teoría ampliamente aceptada del valor moral propuesta por John Rawls. Véase además las págs. 342, 464, 510.

39. George Scialabba, «Charles Taylor´s *Sources of the Self: The Making of the Modern Identity: A Review*», *Dissent*, 1 de septiembre de 1990, http://georgescialabba.net/mtgs/1990/09/sources-of-the-self --the-making.html.

40. George Scialabba, «Charles Taylor´s *Sources of the Self*».

CAPÍTULO 12
Nuestra relación con la gracia de Dios

1. Martín Lutero, «An Introduction to St. Paul's Letter to the Romans», en *Dr. Martin Luther's vermischte deutsche Schriften*, editado por Johann K. Irmischer, vol. 63 (Erlangen, Germany: Heyder and Zimmer, 1854), págs. 124-25.

2. Véase «Cheap Grace» en Dietrich Bonhoeffer, *The Cost of Discipleship* (Nueva York: Touchstone, 1995), págs. 43-56.

3. Sigmund Freud atribuye esto a Heinrich Heine en su *The Joke and Its Relation to the Unconscious* (Nueva York: Penguin, 2003), pág. 109.

4. J. I. Packer, *Knowing God* (Downers Grove: InterVarsity Press, 1973), pág. 124.

5. Citado en Arnold Dallimore, *George Whitefield: The Life and Times of the Great Evangelist of the Eighteenth Century Revival* (Edinburg: Banner of Truth, 1970), pág. 183.

6. Charles Wesley, «Amazing Love [Maravilloso es el gran amor]» (himno), 1738. Esta es una traducción de Esteban Sywulka.

7. Bryan D. Estelle, *Salvation Through Judgement and Mercy: The Gospel According to Jonah* (Phillipsburg: Presbyterian and Reformed Publishing, 2005), págs. 82-83.

8. Jack M. Sasson, *Jonah: A New Translation with Introduction, Commentary, and Interpretation*, The Anchor Bible (Nueva York: Doubleday, 1990), pág. 172, citado en Estelle, *Salvation Through Judgement and Mercy*, pág. 82.

9. Juan Calvino, *Institutes of the Christian Religion*, editado por John T. McNeill, trad. Por Ford Lewis Battles, vol. 1, The Library of Christian Classics (Louisville: Westminster John Knox Press, 2011), pág. 516.

10. Samuel Grandy, «I Hear the Accuser Roar» (himno). Esta es una traducción libre.

11. C. S. Lewis, *The Four Loves* (Nueva York: Harcourt and Brace, 1960), pág. 22.

12. Ibid.

13. Lewis, *Four Loves*, pág. 26.

14. Ibid.

15. Lewis, *Four Loves*, pág. 29.

16. Lewis, *Four Loves*, pág. 27.

17. Algunos intérpretes se resisten a esta caracterización de Jonás. Han razonado que la indignación de Jonás no tiene que ver con la raza o lo foráneo de los ninivitas, que Jonás solo estaba consternado porque tal grupo malvado y violento de personas pudiera ser perdonado y no sufriera el castigo.

   Otros han respondido que Jonás sabía que ir a otra nación con el mensaje de salvación era parte del rechazo y el juicio de Dios sobre Israel (por ej., Deut. 32:15-21). Como un ejemplo de esta postura, véase Peter Leithart, *A House for My Name: A Survey of the Old Testament* (Moscow: Canon Press, 2000), págs. 181-82. Leithart ha argumentado que en Deuteronomio 32:21 (LBLA) cuando Dios declaró que «provocará» a Israel a celos con «los que no son pueblo», estaba prediciendo que juzgaría a Israel al ir a los gentiles, al mostrarles misericordia, y así provocar a los judíos «a celos» a fin de recuperarlos para Sí. Sin duda, Pablo citó Deuteronomio 32:21 en Romanos 11:19 y declaró que esto es lo que Dios estaba haciendo en el tiempo de Cristo, es decir, a través del crecimiento de la iglesia cristiana. Leithart ha insistido en que Jonás en su propia época habría leído Deuteronomio 32:21 de la misma manera que lo hizo Pablo, aunque no hay indicio que los maestros judíos antes de Cristo entendieran el texto así. La explicación de Leithart del motivo por el cual Jonás no quiso ir a Nínive es novedosa, pero es definitivamente la postura de una minoría.

Otro grupo advierte acertadamente que llamar a Jonás un racista puede por sí mismo ser una manifestación de antisemitismo. Podría ser una forma de criticar solo a los judíos, y no señalar la predisposición universal humana a la intolerancia racial y el prejuicio.

No obstante, la evidencia sobre el nacionalismo matizado por el racismo que exhibe Jonás es demasiado fuerte. Sin duda, es natural que Jonás quisiera ver que se castigara a los malvados, y también es perfectamente comprensible que le preocupara la amenaza que constituía la capital de Asiria para Israel. Pero cuando Jonás se negó a cumplir la orden directa de Dios de llevar el mensaje a los ninivitas, tomó la decisión de poner los intereses políticos y nacionales de Israel por encima de la voluntad de Dios. Hacer a tu nación y tu raza más importantes que Dios es por definición convertirlas en ídolos.

Hay otros indicios de que el Libro de Jonás aborda el nacionalismo racista. Muchos han indicado que toda la historia «intencionalmente ofrece una imagen favorable de los gentiles» en cada lugar del texto. Al comparar a Jonás con los marineros paganos y aun los mismos ninivitas, el profeta da la apariencia de ser poco generoso, cruel e intolerante. Allen ha razonado que esta postura que mira con buenos ojos a los no creyentes y a los de otras razas está dirigida a una comunidad judía «amargada por su legado de sufrimiento nacional y oposición extranjera». Leslie C. Allen, *The Books of Joel* (Grand Rapids: Wm. B. Eerdmans, 1976), pág. 191.

Sin embargo, es importante observar que no solo Jonás es criticado por su racismo, xenofobia y nacionalismo. Dios también condenó a los ninivitas por su imperialismo, opresión e injusticia social. Como lo hemos expresado, los asirios no fueron llamados por Dios a que dejaran de adorar ídolos y empezaran a rendirle culto a Él. El mensaje de Jonás fue un llamado a hacer justicia, tal como Amós predicó a las naciones (Amós 1:1-2:3). Dios les dijo a las naciones que pusieran fin a su violencia contra los débiles y los pobres. El texto, entonces, desafía la injusticia y el nacionalismo por todas partes.

18. Paul Tillich, *Dynamics of Faith* (Nueva York: HarperOne, 2009). Él escribió que no tener ninguna deidad o dios sería «mantenerse indiferente al significado de nuestra existencia», y así «Dios puede ser negado solo en el nombre de Dios» (pág. 52).

19. David Foster Wallace, «David Foster Wallace in His Own Words» (discurso de graduación, Kenyon College, 21 de mayo de 2005), *1843*, 19 de septiembre de 2008, http://moreintelligentlife .com/story/david-foster-wallace-in-his-own-words. Véase además la versión impresa en Dave Eggers, *The Best Nonrequired Reading 2006*, 1a. ed. (Wilmington: Mariner Books, 2006), págs. 355-64.

20. John Newton, *Olney Hymns*, 1779, citado en J. I. Packer, *Knowing God* (Downers Grove: InterVarsity Press, 1973), pág. 229. Esta es una traducción libre.